基于大数据的小学生"五育"并举评价之研究与实践

周雪红 著

新 华 出 版 社

图书在版编目（CIP）数据

基于大数据的小学生"五育"并举评价之研究与实践/
周雪红著. -- 北京：新华出版社，2023.2
ISBN 978-7-5166-6720-0

Ⅰ.①基… Ⅱ.①周… Ⅲ.①小学教育－教育研究

Ⅳ.①G622.0

中国国家版本馆CIP数据核字(2023)第025343号

基于大数据的小学生"五育"并举评价之研究与实践

作　　者：周雪红

选题策划：唐波勇

责任编辑：张云杰　　　　　　　　　封面设计：优盛文化

出版发行：新华出版社

地　　址：北京石景山区京原路8号　　　邮　　编：100040

网　　址：http://www.xinhuapub.com

经　　销：新华书店、新华出版社天猫旗舰店、京东旗舰店及各大网店

购书热线：010-63077122　　　　　　中国新闻书店购书热线：010-63072012

照　　排：优盛文化

印　　刷：石家庄汇展印刷有限公司

成品尺寸：170mm×240mm

印　　张：13.5　　　　　　　　　　字　　数：230千字

版　　次：2023年2月第一版　　　　　印　　次：2023年2月第一次印刷

书　　号：ISBN 978-7-5166-6720-0

定　　价：78.00元

内容简介

本书属于"五育"并举评价方面的著作，由大数据与小学生"五育"并举的概括、基于大数据的小学生"五育"并举评价之原则与方法、"五育"并举之"七尚"综合评价体系的构建、小学生"五育"并举之评价指标体系的构建、大数据技术应用下的"五育"并举之"七尚"综合评价体系运行过程、依托大数据实施"五育"并举之"七尚"综合评价的路径、基于大数据的小学生"五育"并举评价之未来展望七部分构成。本书主要研究大数据背景下小学生"五育"并举评价的内容、方法，分析"五育"并举之"七尚"综合评价体系的构建、小学生"五育"并举之评价指标体系的构建，以及大数据技术应用下的"五育"并举之"七尚"综合评价体系运行过程，最终阐述依托大数据实施"五育"并举之"七尚"综合评价的路径，希冀对从事小学生"五育"并举评价的工作者、教育评价的相关研究学者有学习和参考的价值。

前　言

　　教育评价是一项历史性、实践性难题。21 世纪以来，教育部大力推进基础教育质量综合评价改革，小学生评价是其重要组成部分。在新时代，教育的可持续发展亟须探讨的问题是，坚持"五育"并举，均衡协调发展德育、智育、体育、美育、劳育，促进学生全面发展。不断深化小学生"五育"并举评价，对小学生全面性综合发展、教育的长足发展具有重要意义。大数据时代的来临为小学生"五育"并举评价的发展带来了新的希望，尤其是随着大数据技术的发展成熟，现阶段的小学生"五育"并举评价方法也在悄然间不断发生着变化。

　　在中学阶段，通过有机结合学生综合素质评价与升学选拔，将综合素质评价结果应用到中考和高考中，能使学校和学生提高对学生全面发展的重视程度。但在小学阶段，由于小学生没有面临升学的直接压力，其自身发展也具备阶段特征，如何有效落实小学生"五育"并举评价，并有效发挥"五育"并举评价结果的价值进而促进小学生全面发展，是一个亟须解决的问题。随着技术与教育教学的深度融合，其为小学生"五育"并举评价提供了更多的可能性。基于大数据的小学生"五育"并举评价，有助于促进学生更加科学和个性化发展，使学校为学生提供更加及时、高效的服务，切实提升政府教育治理的严谨性、科学性。为此，本书的创作就围绕基于大数据的小学生"五育"并举评价进行深入研究与探索，其理论意义和实践价值不言而喻。基于此，笔者在本书创作过程中，将其分为七部分。

　　第一部分：此部分主要针对大数据时代的背景，以及"五育"并举教育思想提出背景和发展历程作出明确阐述。并且对大数据技术在小学生"五育"并举评价中应用的时代意义进行了详细的分析。

第二部分：笔者主要以大数据时代为背景，分析了小学生"五育"并举评价的原则和方法，旨在为大数据技术在小学生"五育"并举评价中的应用打下坚实的理论基础，促进小学生"五育"并举评价工作质量的持续性提升。

第三部分：在本部分的论述中，笔者主要阐述了"五育"并举之"七尚"综合评价的功能、内容、方法、实施与结果呈现。

第四部分：在本部分的论述中，笔者主要从小学生品德发展水平评价指标、学业发展水平评价指标、身心健康发展水平评价指标、艺术兴趣特长养成评价指标、劳动技能和劳动习惯养成评价指标、创新能力综合表现评价指标、视野拓展评价指标七个维度论述了"五育"并举之评价指标体系的构建，旨在为小学生"五育"并举之评价指标体系的顺利运行提供强有力的支撑。

第五部分：在本部分的论述中，笔者主要从评价理念、数据的自动采集、数据的分析以及数据的有效应用四个角度阐述了大数据技术应用下的"五育"并举之"七尚"综合评价体系运行过程。

第六部分：在本部分的论述中，笔者主要探讨了大数据背景下，基于"全过程"评价数据、"数字画像"、动态化评价数据的应用，讲解小学生"五育"并举之"七尚"综合评价的路径，使师生真正获取真实、全面评价数据的同时，促进学生个性且全面的发展。

第七部分：在本部分的论述中，笔者主要对未来基于大数据的小学生"五育"并举评价做出了展望，并从顶层设计、评价管理机制两个方面进行了论述。

鉴于笔者水平有限，书中难免存在不足，敬请各位同行及专家学者予以斧正。

目　录

第一章　大数据与小学生"五育"并举的概括

第一节　大数据技术的产生及其在基础教育阶段中的应用

一、大数据技术的产生

(一) 大数据及大数据技术的定义解读

目前，关于大数据的准确定义，学界和业界的认识尚未达成一致，很多专家学者从不同立论角度提出了自己对该定义的不同理解。麦肯锡认为，并不是达到数百个太字节（TB）才算是大数据，大数据作为一种数据集合，可以在一定时间内完成对相关内容的捕获、存储、管理和分析任务，这是传统数据库软件工具无法实现的。[①] 通过综合分析已有研究成果可知，大数据首先是数据，其次是具有一些特征的数据。近年来，随着物联网、互联网、云计算的迅猛发展和广泛应用，网络和大数据已经深入我们生活的方方面面。与此同时，数据成为一种新型的宝贵资源，现已突破地点、时间的束缚，亟须人们进行科学、有效的开发与应用，使之实现效益和价值的最大化。正是因为运算量需求的日益提升，人们已经不满足于原有的以单机为中心的运算技术，这就催生了大数据这一新技术。

所谓大数据技术，指的是从纷繁复杂的数据中快速捕获并提取有价值信息的科学技术。从抽象角度来看，无论是哪种大数据技术，都是分布式储存 + 并行计算，具体体现形式为多样化分布式文件系统和以其为基础的并行运算框架。目前，大数据领域不断涌现大量新技术，为大数据的获取、存储、处理和呈现提供了重要武器。

(二) 大数据技术的产生背景

1. 理论背景

早在遥远的古希腊时期，人类就已经开始对数据进行思考与探索。随着研究的不断深入，人们逐渐将数看作万物的本源。事物的性质很大程度上取决于某种数量关系，万物按照一定数量比例构成和谐秩序，这说明人类抽象思维能

---

① 麦肯锡.麦肯锡大数据指南[M].王霞，庞昊，任鹏，译.北京：机械工业出版社，2016：2.

力得到了升华。近千年来，人类对数的抽象的探索从未停止过，随着科学技术的持续发展，人们又进一步深化了对数据的思考与探索。传统科学哲学提出了表征论，其认为数据是对事实的搜索以及对现象的揭示。数据可以流通于不同个体之间，万事万物都可以成为数据，并能为现象提供表达的潜在证据。根据关系论可知，几乎任何事物都可以被数据化，从某种意义上可以说万物皆数据。

大数据技术是处理大数据用到的所有技术手段的总和，是一个由众多要素有机结合起来的整体系统。系统论、系统科学和复杂性科学尝试消除不同学科之间的屏障，积极探寻学科与学科之间的合作与联系的契合点，以期为大数据技术的形成提供理论方法支撑。

大数据技术是多学科领域、多种技术手段相互交叉、相互渗透的产物，它基于香农信息论的基础，再加之信息技术的迅猛发展，为人类更好地记录、存储、传输及处理数据奠定了良好的理论基础。

2. 时代背景

在香农信息论的基础上，人类社会逐渐迈进了信息时代。在信息时代背景下，几乎所有事物皆可被信息化、量化和数据化，因此借助各种合理的记录和量化手段，自然界和社会几乎都能被记录成数据。尤其是进入后互联网时代之后，万物互联成为大势所趋，人与流程、数据、事物之间深度交融，各种记录信息的数据成为新的生产要素，并不断产生于人们可触及的空间和尺度范围内，数据量呈爆炸性增长态势。与以往单一的结构化数据不同的是，人类在信息时代面对的数据不仅类型多样、结构复杂，而且产生、变化速度快。此时，大数据技术作为处理数据的应对手段，其产生与发展是时代的必然要求与选择。

3. 科技背景

大数据技术最开始出现在互联网行业，其产生和发展与科学技术密不可分，具体体现在以下两方面。一方面，信息技术的进步。20世纪末，互联网技术的广泛普及，以及网络技术的飞速发展，使接入和使用网络的人变得越来越多。近年来，智能设备的不断发展，使全球网络中的在线人数呈爆炸式增长态势，这也导致了数字信息使用数量的急剧增加，如电子邮件的发送、观看电视、使用手机等，这些操作都会产生数字信息，这些数字信息即我们通常所说的"数据"。智能设备的广泛应用、网络宽带的提升都是信息技术进步的具体体现，其为大数据技术的产生奠定了科技基础。另一方面，云计算技术的兴起。云计算技术作为一种分布式计算技术，是互联网行业的一项新技术。简单来说，云计算技术是借助云共享硬件、软件、应用程序获取需要的操作结果，其具体操作需要依靠专业云服务团队来完成。随着云计算技术的迅速普及，其现已在社会上占据了主导地位。云计算技术将分散的数据集中到云端，即数据中心，为海量数据的分析与处理提供了可能性。可以说，云计算技术的出现与应用，为海量数据的存储、分散用户的访问开辟了广阔空间和必要途径，并为大数据技术的产生提供了技术基础。

4.经济背景

通过第一次、第二次和第三次工业革命，我国人民深刻地意识到"科学技术是第一生产力"。加之进入信息时代之后，不断涌现出一批批优秀的高科技公司，如阿里巴巴、亚马逊、谷歌、微软等，并催生了前所未有的商业模式和新的经济增长点，科学技术受到了空前的关注与重视，从发明创造到应用转化，科学技术需要的时间逐渐缩短。基于这样的经济背景，大数据技术得以诞生，并在经济需求的推动与刺激下迅速发展成熟、发酵，并在全球范围内蓬勃兴起。

（三）大数据技术的特点

在实际的技术活动中，大数据和大数据技术是相互联系、密不可分的整体，大数据是大数据技术的对象，大数据技术是大数据的依托。在日常的概念表述中，大数据往往与大数据技术相互交织、不可分割，人们在谈论大数据时，很多时候也指代着大数据技术。作为有机的技术体系整体，大数据技术有其自身的特点，即社会性、前沿性和复杂性，如图 1-1 所示。

社会性　　　　　　　　　前沿性

大数据技术
的特点

复杂性

图 1-1　大数据技术的特点

1. 社会性

作为一门处理数据的技术，大数据技术与人和社会深刻互动、相互碰撞，现阶段已广泛应用于我们生活与工作的方方面面，与人类社会深度融合在一起。同时，大数据技术还与以互联网、人工智能为代表的其他技术紧密相连，具有极其普遍的社会性。

2. 前沿性

大数据技术作为一项新的高新技术、一类新的科研范式、一种新的决策方式，是 21 世纪具有时代标志的技术之一，具有较强的前沿性。

3. 复杂性

作为一门涉及多学科的复合型技术，大数据技术的兴起建立在多种技术手段的基础之上，人工智能、计算机科学、数学、机器学习、统计学和信息科学等学科都与大数据技术存在着紧密联系。因为大数据技术是融合了多学科知识并集多种技术于一体的技术体系，所以它具有一定的复杂性。

二、基础教育阶段中的大数据技术

（一）大数据技术与中小学生综合素质信息化平台

大数据技术在中小学人才培养过程中大有可为，但大数据技术的功能是否可以充分发挥，很大程度上取决于人才培养系统的构建。中小学生综合素质报告书制度作为义务教育阶段素质教育绩效的一种形式，是对人才培养的系统化、科学化建构，在此基础上，通过与大数据技术相结合形成中小学综合素质信息化平台。这一平台通过记录中小学生在第一、第二课堂中的行为数据、学业数据，形成相应的结果，并按照不同的使用对象、适用范围进行相应的分析。

1. 中小学生综合素质信息化平台的特点

中小学生综合素质信息化平台具有安全性、开放性、友好性和智慧性的特点，如图 1-2 所示。其中，安全性是信息化平台的首要功能要求。面对不同的群体，平台首先要保证数据的安全性，不仅要设置数据读取的不同权限，还要求使用者严格按照规则操作，还要立足于系统设计角度，设计一套沙箱，即虚拟系统程序，将所有数据暂时保存在沙箱中，等到有输出需求时再进行二次确认操作。开放性指的是平台可以接收来自各个方面的意见和建议，并能与外界信息进行相互交换，以不断更新数据，为决策者提供一定的建议。友好性指的是平台应该符合用户的使用习惯和需求，比如，其能够根据性别、年级、政治面貌、生源地等方面的不同，并结合输出需求生成个体情况报告和群体报告。同时，通过对数据的编辑，能够产生多种格式的输出报告，并能直接进行打印，以满足不同的阅读需求。智慧性指的是平台可以根据要求和标准的不同，展开差异化的分析，以核心要素指标为中心，与平常水平数据进行对比，产生"综合素质体检报告"，并在第一时间自动推送给相关用户，帮助相关用户快速、清晰地了解学生个体、群体各项数据及当下水平。

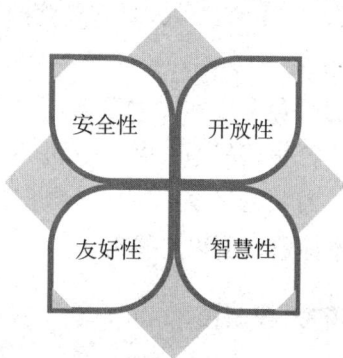

图1-2　中小学生综合素质信息化平台的特点

2. 对中小学生综合素质信息化平台的认识

中小学生综合素质信息化平台的数据与学校人才培养工作有关，以学生为中心，平台用户主要包括学校领导、班主任、任课教师、学生家长、学校各职能部门等。在校中小学生作为平台的直接使用者，需要完善个人基本信息，以学校要求为导向完成在线调查问卷，其还能查看个人的相关数据。校级领导具有最高等级的查阅权限，可以按照年级、班级分别查看每个班级分析提交的群体分析报告等。年级领导可以根据生源地、班级、性别、政治面貌等对不同类别学生的数据进行检索与查看，毕业后的校友可以查阅本人的相关数据，参与学校组织的在线问卷调查，并在留言建议模块中填写自己对母校的想法与建议。

总之，中小学生综合素质信息化平台是学校学生数据的重要来源，主要用于全方位收集学生的各项行为数据，包括学生的课堂行为、消费行为、宿舍行为、家庭行为等，并经过数字化加工、处理，输出展示数据，消除不同部门、校内外之间的"数据孤岛"。

（二）中小学生核心素质信息平台关键算法

信息化平台能生成和收集海量数据，数据挖掘作为以算法搜索隐藏于大量数据信息中的工具，是大数据技术的显著特征。数据挖掘的原理在多年前已被提出，随着大数据的产生与应用，数据挖掘变得越来越普遍。数据挖掘以算法为基础，通过观察过去的发展趋势，构建合理的预测模式，这使分析成为从源数据库获取信息到最终报告输出数据挖掘结果的核心。通过综合运用多种分析方法，可以高效地解决不同类型的问题，从而深入挖掘数据的潜在内容。在数据挖掘过程中，用到的几种核心技术描述了数据挖掘和数据恢复操作的类型，下面介绍几种中小学生综合素质信息化平台使用频率比较高的大数据处理算法，如图1-3所示。

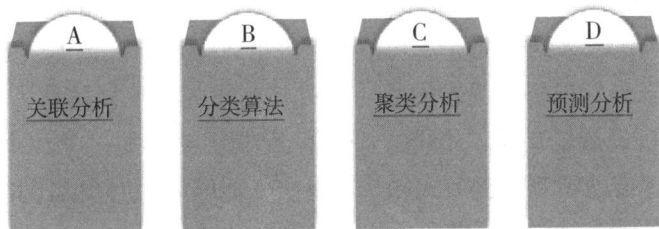

图1-3　四种常见的大数据处理算法

1. 关联分析

从某种程度上说，关联分析是非常直接的一项数据挖掘技术。关联分析能将多个项建立起简单的相关性，一般情况下是通过相同类型的项对进行模式识别。比如，在跟踪暑期学生的阅读习惯时，可能会发现学生阅读书籍时总是聆听轻音乐，因此建议"学生下次暑期阅读书籍的时候，可能也想聆听轻音乐"建立关联。顺序分析也属于关联分析的一种，这种算法技术常常应用于长期数据，是对类似事件定期发生和趋势进行识别的有效方法。通过学生的数据，可以识别学生在一个学期不同时间购买的学习用品，并将其集合在"购物篮"程序中，以根据学习用品的购买历史、频率将特定或相似产品自动添加到"购物篮"中。

2. 分类算法

基于分类算法可以建立客户、项目和对象类型的概念，方法是利用描述不同属性对特定类别进行标识。比如，通过识别学生的不同属性，包括生源地、性别、年龄、班级、年级等,很容易将学生划分为不同的类型。根据学生的属性,可以将其划分为特定的类别,并将其属性与已知定义进行比较,以全面掌握学生的特点。

3. 聚类分析

聚类分析亦称为群集分析,其作为一种重要的人类行为,是指将数据分类到不同的类或者簇这样的一个过程。聚类分析的目的是以相似为基础,对所收集的海量数据进行分类。聚类分析在基础教育领域得到了广泛的应用,并取得了一定的发展,这种大数据技术被用作描述数据,衡量不同数据源之间所具有的相似性,并按照一定标准将数据源划分到不同的簇中。

4. 预测分析

预测分析作为教育决策分析的前提与基础,是一种应用于结构化和非结构化数据中以判定未来结果的算法和技术,它可以为规划流程提供有用信息,还可以为教育未来发展提供关键洞察。通过与其他数据挖掘技术进行组合应用,可以预测分析发展的趋势、分类、模式匹配和关系。通过学校全场景伴随式数据采集,并借助预测分析模式和学习算法,能够第一时间发现学生的异常情况,进而有针对性地采取预警和预防措施。

三、大数据技术在基础教育评价中的应用

(一)大数据技术应用于基础教育评价中的现实诉求

1. 推动实现教育评价现代转型,办好人民满意教育的必然选择

2020年10月13日,中共中央 国务院印发《深化新时代教育评价改革总体方案》,文件指出要坚持把立德树人成效作为根本标准。加快完善各级各类学校评价标准,将落实党的全面领导、坚持正确办学方向、加强和改进学校党的建设以及党建带团建队建、做好思想政治工作和意识形态工作、依法治校办学、维护安全稳定作为评价学校及其领导人员、管理人员的重要内容,健全学校内部质量保障制度,坚决克服重智育轻德育、重分数轻素质等片面办学行为,促进学生身心健康、全面发展。

从评价体系角度来看,在社会信息化、文化多元化、科技不断迭代的多重背景下,我国作为发展中国家,必须要不断缩小城乡教育差距,促进教育公平,办好人民满意的教育。基础教育是一个动态发展的过程,决策者对教育动态信息资料的把握,是影响教育评价可信度的关键性因素,是制约教育优质

均衡发展的重要因素。如果教育决策者无法准确把握教育动态信息资料，在政策制定过程中很可能会加入过多的主观经验，导致构建的教育评价体系与学生实际学习与发展需求相悖，无法更好地回应广大人民群众对优质均衡教育的期盼。而大数据技术为在线教学、虚拟学校、远程教学等教学方式提供了更多的可能性，扩大了优质教育资源的辐射范围，拓展了教育数据的采集途径，大大增加了教育数据量，有助于决策者更加准确、有效地把握区域内教育动态信息资料，并科学合理地判断政策的预期效果，从整体上提升评价决策的公信力、说服力，加快教育均衡化发展步伐，提升广大人民群众对教育评价改革与转型的满意度，推动教育发展"弯道超车"。

2. 传统教学强化信息技术"联姻"，建设智慧校园的迫切需要

随着大数据技术等众多前沿科技的层出不穷且不断成熟，第四次工业革命已经到来，新技术作为一种颠覆性力量使传统课堂教育受到了前所未有的冲击，催生了传统教育内容与方式的变革。与此同时，身处知识与信息爆炸的时代，我们可以感受到知识的无限性与个体接受知识有限性之间的矛盾越发显著，教师与学生必须要竭尽全力避免淹没于知识的洪流中，传统教学迫切需要预见性地迎合这种教育结构体系的改革，即"联姻"并利用多种大数据技术等新兴技术，构建科学高效的评价制度。

现如今，大数据技术在智慧校园建设中的应用越来越普遍，传统校园已经逐渐步入数字化发展阶段。基于大数据的可视化分析，综合运用人脸识别、预测预警、实时监控、轨迹追踪等多种新技术手段，能够全面提升校园管理的质量与效率。同时，课堂是师生共同学习与成长的场所，以大数据技术为基础的智慧课堂，很好地突破了单一课堂观察的局限性，从真实、动态、丰富的课堂数据中探寻教育规律，提升了基础教育教学评价的可视化、科学性，为课堂结构的优化、教学成效的增强提供了便捷性。这不仅是基础教育教学与信息技术的深度融合，还是基础教育教学评价的数字化转型，这样的教学评价有助于提升教师主体反思的积极性、主动性，进而总结出与学生需求、教育规律契合度更高的教学方式，促使智慧课堂朝着理想的方向发展。

3. 过滤与挖掘隐含教育信息和规律，满足学生个性化学习的应然要求

在现代社会测量领域，虽然随机采样是主要的取样方式，但是其本身存在着天然的缺陷。使用这种教育评价技术很难采集到全过程、全方位的可靠数据，这会导致发展性教育评价无法落实落深，只是停留于观念局面。而依托大

数据技术，可以收集真实状态下的全样本评价数据，记录并处理全过程、全方位的可靠数据，包括学生的知识基础、学习兴趣、成长轨迹、学习态度等，可以真正地反映学生的内隐素质和教育规律。之后，通过对数据进行预测、提炼、相关性挖掘等一系列操作，建立科学合理的评估模型，利用复杂的算法深层次挖掘数据隐藏的价值，有依据地判断现阶段学习的问题，切实提升评价结果的可信度。

另外，基于大数据技术的支撑，教师可以灵活运用数据挖掘算法、回归分析等各种各样的学习分析技术，以循证教学理念为指导，从不同角度、不同层次收集与分析学生学习行为相关数据，以便对自己和学生有一个更加清晰的认知，并有针对性地调整教学模式与策略，使自己由知识的传授者转变为学生学习的合作者和促进者，让大数据技术助力创生性教学的实施。具体来说，基础教育可以让大数据技术服务于学生交互式学习中，为学生打通接触海量信息源的通道，让大数据技术助力学生创生的生态式发展，为无边界学习创造可能性。同时，基础教育还能通过可视化方法呈现复杂性的概念，通过具象化的方法展示难表征的过程，深层次挖掘与分析海量数据，并积极探寻数据的隐含关系和潜在价值，有目的地开展个性化特色教学，为学生生命成长提供更加精准的辅导服务，切实提升学生的学习效能。

（二）大数据技术与基础教育评价相结合的主要特征

大数据技术与基础教育评价相结合主要有五个特征，分别为评价模型科学化、数据获取立体化、主体参与多元化、诊断分析优质化、评价反馈精准化，如图 1-4 所示。

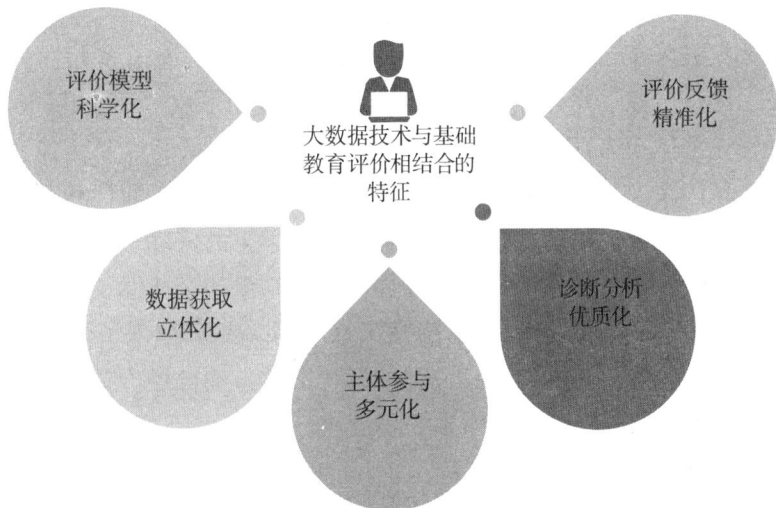

图 1-4 大数据技术与基础教育评价相结合的主要特征

1. 评价模型科学化

科学化的评价模式是教育评价的重心。借助先进的大数据技术手段和计算机软件系统等，通过信息技术专业人员、教育评价人员等相关人员的默契配合、高效协作，紧紧围绕评价内容和评价对象建立多元立体动态的评价模型，从不同角度综合评价学生学习质量与效果，有助于提高评价结果的有效性。其中，全面性、系统性评价指标的制定是有效创建评价模型的必要前提，其能为评价模型科学化、合理化提供重要保障。评价指标的构建可以选择多种方法，如量化方法、质化方法、复合性方法等。

2. 数据获取立体化

借助大数据采集技术，我们可以对基础教育评价数据进行多维度、全过程、全方位的收集，有效弥补了以往人工采集记录效率低、成本高等弊端，真正实现了教育评价数据获取的立体化。其中，"多维度"指的是采集的数据种类和数量与之前相比更加全面、丰富，除了有行为数据、管理数据，还有情感数据和体质数据等；"全过程"指的是借助数据采集平台和设备，对评价对象学习活动全过程中的相关数据进行自动记录，这充分体现了"全过程记录"，而非以往的"间接性记录"；"全方位"指的是数据收集不再受时间与空间的制约，有效突破了传统课堂的束缚，拓展并延伸至户外教学活动数据、线上学习数据等方面。

3. 主体参与多元化

在大数据技术的支撑下,基础教育教学评价主体具有了多元性,其由教师、家长、评价专家、学生、同伴等共同组成,进而形成"评价共同体",确保评价过程充分体现人性化、民主化特征,这样也能让评价结果更加客观、真实、可靠。具体来说,教师的评价有助于提高评价信息的专业性和科学性;家长的评价丰富了评价的内容,使评价内容融入了学生的家庭表现等,提高了评价结果的全面性;评价专家的评价能够提高评价结果的全面性、准确性、客观性;学生的自我评价能够增强学生的主人翁意识,充分体现了学生的主体地位,增强了学生自我反思的能力;同伴的评价能够帮助被评价者认识自己,加强与同伴的沟通,从而充分调动学生的积极性。

4. 诊断分析优质化

在基础教育评价中,通过综合运用数据融合、数据分析等技术,全面诊断分析多模态数据,以实现分析与处理数据的最优化,有助于提升评估和测评结果的精准性。比如,面对海量的多模态数据挖掘,在不同模态数据之间相互融合的基础之上,通过模态数据之间的互补学习,可以准确分析与判断复杂数据的有效特征,切实提高评价决策结果的准确性;借助机器学习等算法,分析各种种类的数据,包括文本、视频、语音、图像等类型,进而可以准确揭示评价对象所具备的特征。

5. 评价反馈精准化

评价反馈是基础教育评价中非常重要的一部分,也是对教育评价应用价值实现程度的充分体现。借助大数据可视化技术,能够及时有效地为用户提供可视化形式的评价结果,进一步深化评价对象的自我认知,为评价对象调整教学目标、教学策略等提供有力依据,以促进教学、学习和管理的有序开展。评价反馈存在于教育活动的全过程,主要包括课前预习反馈、课堂实时反馈等过程性的及时反馈。因此,为了实现教学的精准性以及使学生进行个性化学习,教师可以依据评价反馈确定学习资源和教学内容。

第二节　"五育"并举教育思想的提出与发展

一、"五育"并举教育思想的提出背景

"五育"并举是以人的素质的全面发展为导向，以培养完整个体、健全人格为目的的教育。五育由德育、智育、体育、美育、劳育五方面内容构成，其中，德育占据首要位置，为其他各育提供了精神动力和价值方向，引领其他各育共同发展，以实现立德树人根本任务为目标，建立健全德智体美劳全面培养的教育体系，以人的内在品质、外在能力为重要抓手，依托学校教育活动这一载体，提升人的品德、智慧、体能、审美、劳动等五方面的水平。五育是一个有机整体，德智体美劳不仅相互独立，而且相互影响、相互促进，共同构成以全面发展为理念的五育一体化体系。下面介绍"五育"并举教育思想提出的背景，如图1-5所示。

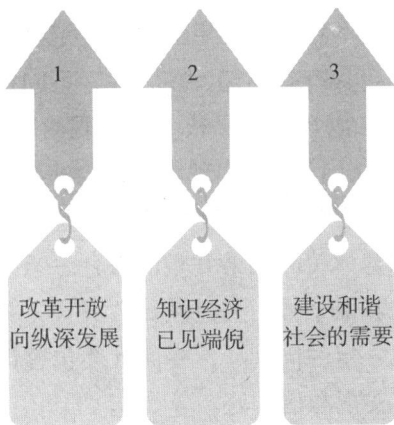

图1-5　"五育"并举教育思想的提出背景

（一）改革开放向纵深发展

经过数十年的风风雨雨，国有企业改革已经初见成效，并积累了很多具有建设性、指导性的宝贵经验，从思想、经济和政治方面为教育体制的改革与创新提供了重要保障。学校教育改革的目标是以教学科研为主要组织形式，明确

教师与学生的主体地位，最大限度地发挥这两个主体的积极性、创造性、自觉性，同时关注学生的个性化发展，促进每位学生的全面成长，全面贯彻落实素质教育，培育德、智、体、美、劳均衡发展的人，为社会主义现代化建设提供人才。

（二）知识经济已见端倪

20 世纪 70 年代以后，以微电子技术、生物工程技术等为代表的新技术革命有力推动了社会生产力的进步，使人类社会以前所未有的强劲势头步入了知识经济时代。经济合作与发展组织在 1996 年发布的《技术、生产率和工作的创造》报告中指出，今天，各种形式的知识在经济过程中起着关键的作用，相比于有形资产，无形资产的投资速度要快很多。掌握更丰富知识的人的工作报酬会更高；掌握更丰富知识的产业具备更强的竞争力；掌握更丰富知识的国家具有更高的产出效益。由此可见，知识经济已见端倪。不同国家之间的竞争归根结底是科技的竞争，而科技竞争的关键在于人才，尤其是高素质专业人才和拔尖创新人才，即德智体美劳等方面均衡发展的人。

（三）建设和谐社会的需要

社会主义和谐社会的基本特征是民主法治、安定有序、公平正义、诚信友爱等、充满活力。现代社会具有差异性、多元性，不同社会个体、群体之间有着不容忽视的差异和矛盾，以社会主义核心价值观为基础统"小异"（小部分不同）成"大同"（大部分相同），是实现和谐社会的必经途径，一定要将求同存异思想方法贯彻始终。"五育"并举教育思想的提出，为和谐社会的构建提供了重要的人才基础，德智体美劳和谐并重的教育思想，将社会成员培育成综合素质过硬、均衡发展的和谐个体。通过践行"五育"并举，能够让学生懂得尊重、包容他人，并形成一定的同理心，提高社会包容性，进而减少因差异产生的矛盾、对立等，进而实现和谐共处。

二、"五育"并举教育思想提出的理论基础

"五育"并举教育思想的提出是建立在一定的思想基础之上的，主要包括马克思的人的全面发展理论、西蒙斯的联通主义理论、卡西尔的人学思想和加德纳的多元智能理论，如图 1-6 所示。

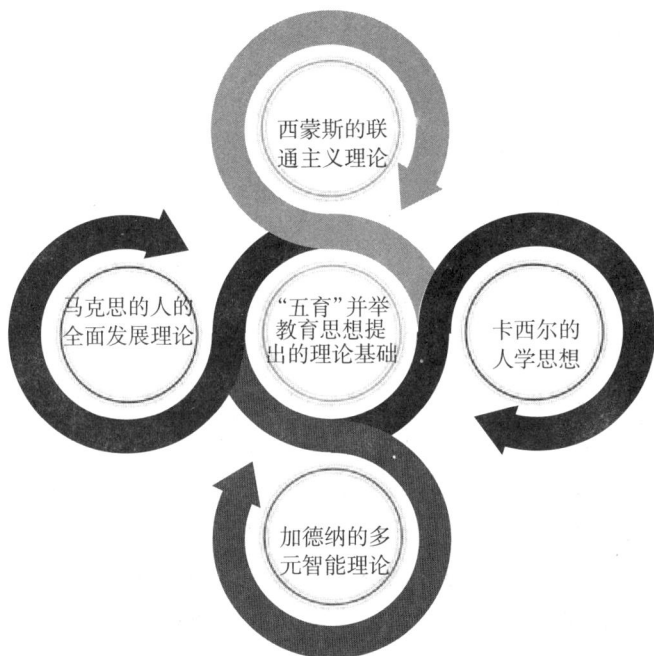

图 1-6 "五育"并举教育思想提出的理论基础

（一）马克思的人的全面发展理论

在 19 世纪，资本主义社会面临着一个普遍问题，即"人的异化"，人并未从真正意义上得到解放。人的全面发展学说就是基于此背景提出的，它致力于人的自由、解放和全面发展，是马克思主义学说的"价值内核"，并占据着"普照的光"的绝对地位。在马克思看来，个人的全面性并非设想的全面性，而是其自身的观念关系和现实关系的全面性。① 其内涵指的是人的才能的全面发展、人的劳动能力的全面发展、人自身的全面发展、人的自由发展。其中，才能的全面发展指的是个人全力发展自己的所有能力；劳动能力的发展指的是个人全面发展自己的智力、体力和志趣；人自身的全面发展指的是个人均衡地发展自身的所有特性；人的自由发展追求的是成为自由的人，指的是个人一切才能和能力的自由而独创性的发展。马克思认为的全面发展主要涉及人的才能、劳动能力、兴趣等方面自由个性的发展。换句话说，要想成为一个全面发展的人，

---

① 马克思恩格斯全集：第 46 卷：下册 [M]. 北京：人民出版社，1980：225.

就必须要在发展自身脑力、体力的基础上，全面发展自身的志趣和其他才能等。而全面发展教育便被赋予了培育各方面素质全面发展的人才的功能。

针对马克思主义关于"人的全面发展"学说，我国有越来越多的学者对此展开了深入的研究，并对其思想内容做出了合理的解释与拓展。如基于对马克思主义思想的认识与理解，王萌、孙洪涛针对人的全面发展学说做了更深入的阐述，即要注重人在物质、精神两方面的均衡发展，特别是要关注人智力、体力、潜力、自然力、社会能力等方面能力的均衡发展。[①]

作为一种内在需求，人的全面发展经历了由片面到全面的过程，从发展的层次来看，由以往的低层次需求逐渐过渡到高层次需求，强调人的道德、智力、体力等方面的充分、自由、均衡发展。我国教育在全面吸收人的全面发展学说的基础之上，经过反复不断地实践持续丰富人的全面发展学说思想内涵，将学生德智体美劳的全面发展纳入其中，使之构成了一个系统性、完整性的概念，对人各方面的发展水平做出描述，即将全面发展的人看作一个完整的人，强调身体和精神相统一，强调认知、意识和情感的共同发展，强调德智体美劳各方面的共同进步与提升。倘若将人的全面发展看作"如何培养人的问题"的方法论，那么五育教育就是对"培养什么样的人"的质量做出的回答。"五育"并举教育思想的本质是致力于人的全面、均衡、整体发展，它是深深扎根于人的全面发展学说丰沃土壤中的有根之"树"。

（二）西蒙斯的联通主义理论

"五育"是一个有机整体，涉及人特性的五个重要方面，每个方面都是不可或缺的，均是连接人全面发展的关键节点，并以自己特有的方式占据着重要地位，同时对人的成长与发展产生着影响。各育在"五育"中是相互依存、相互促进、相互制约的，它们以人的全面发展为核心构成动态网络，形成强大合力促进人的进步，帮助人获得综合性的真实体验。因此，学生全面发展的实现，并非仅凭借某一育就能完成，而是需要各育有机统一发展。

另外，联通主义理论还提出，从大小、范围角度来看，网络具有流动性、可定制性和适应性特点；层级通常是将某种结构强加到某事物身上，而网络可以呈现事物原本的结构。在"五育"发展过程中，各育环环相扣，没有高低

---

① 王萌，孙洪涛."五育融合"的概念、理论基础与实践路径研究[J].广东第二师范学院学报，2022，42（2）：80-86.

轻重之分，并非以重要性为标准进行排名的层级结构，各育共同发力推动人的进步，帮助人们更好地适应复杂多变的环境，并做出科学合理的决策和行动。"五育"之间的内在联系主要体现在以下五方面：德育是"五育"中其他各育的灵魂，并贯穿育人的全过程；智育提供知识和智力；体育提供优秀的体格准备；美育提供凝心聚气的强大精神力量，推动各育发展；劳动教育能够检验综合实践应用和成果。因此，在培养全面发展的学生的过程中，各育彼此关联，相互影响。

（三）卡西尔的人学思想

德国哲学家恩斯特·卡西尔出版了《人论》这一著作，书中出现了符号哲学思想，卡西尔以此分析人的本质，并认为人既有多面性又有丰富性，是一种符号化的动物。[①]而"五育"恰恰是对这种多面性特征的充分体现，在人的自身成长过程中，会逐渐呈现出德智体美劳五方面的发展水平，即"五育"是从整体上对人体成长做出的阐释，分别指向了人的五个侧面，依次是道德侧面、智力侧面、体力侧面、审美侧面和劳动侧面，这并非"五个"的割裂，而是"五维"的融合。在分析人与动物之间的不同时，卡西尔借助符号和信号的差异做出了阐述，他认为信号与符号的不同之处在于，前者是一种实体性的存在，后者则具有功能性的价值，是人类意义世界的重要组成部分，动物只有受到"信号"的刺激才会作出条件反射，而人不仅具有符号化思维，还具有符号化行为，能够将"符号"当成工具创造文化。[②]因此，卡西尔的人学思想出三个关键概念构成，分别是人、符号和文化，并构成了"人—符号—文化"体系。

基于卡西尔的人学思想，在学校教育教学中纳入"人—符号—文化"体系，文化以符号的形象转变为具体学科，通过具体学科教学的实施，又可以孕育出另一个全新的体系，即"学科—符号—人"。在学科教学的基础之上，教师深入挖掘学科中蕴含的文化元素，并通过特殊的学科符号传递给每一位学生，一步一步带领学生认识与理解学科符号的内在意义，使学生更深层次地理解学科符号背后的思想观念精髓，最终实现"育人"的目的。

总之，"五育"并举教育理念强调人并非单面的人，而是具有多面特性的人，卡西尔的"符号"理论为"五育"并举教育理念的提出与落实提供了有效

---

① 卡西尔.人论[M]甘阳，译.北京：西苑出版社，2003：41-47.

② 卡西尔.人论[M]甘阳，译.北京：西苑出版社，2003：48-73.

路径。因为符号是人们创造文化的重要工具，文化是"五育"的重要基础，文化又通过符号这一媒介植根于各学科教学中，所以，学科教学是实现"五育"并举的关键所在。

（四）加德纳的多元智能理论

随着智力研究的不断深入，逐渐演化出了多元智能理论。在智力概念提出之后，人们试图解析其内在结构，想要弄清楚智力的结构是单一整体还是多元的。人们针对智力结构的看法主要可以分成两类：一类是以比纳、高尔顿等为代表的单因素观，在他们看来，智力是单一的总能力；另一类是以斯皮尔曼、桑代克等为代表的智力多元论，他们认为智力包括两种或多种因素。1983年，美国教育心理学家霍华德·加德纳正式提出多元智能理论，这在当时是一种全新的人类智能结构理论。加德纳通过整理与分析神经科学、认知科学、人类潜能开发和文化知识发展方面的研究结果，将人类的智力划分成多种不同的类型，包括存在智力、语言智力、动觉智力、内省智力、肢体—动觉智力、视觉—空间智力、内省智力。[①]

多元智能理论从脑科学和人类学角度出发，提出对于正常人来说，其都是一个由多种智力共同组成的有机体，即每个正常人的潜能是多方面的，人们可以根据自身的倾向来连接这些智力。由此可知，每个人都具备一定的生理基础来支撑各种智力的发展，都有可能实现自身的全面发展。随着多元智能理论的提出与广泛应用，越来越多的人充分认识到人智力的差异性和多样性，切实提升了智力范畴的科学性和全面性，他们倡导在真实的教育情境中用差异化的方法对学生的多种智力进行培养，而非运用单一教学方法促进学生某一智力的发展，这也是"五育"并举的应有之义。

一言以蔽之，"五育"并举教育思想强调从多角度、全方位促进学生的全面发展，与多元智能理论相契合，同时，加德纳多元智能理论的提出与发展，也为我国"五育"并举教育思想的提出奠定了牢固的理论基础，勾勒出了一个清晰的轮廓。

三、"五育"并举教育思想的发展历程

"五育"并举教育思想是我国在社会主义实践探索中逐步提出并不断完善

---

① 加德纳.多元智能[M].沈致隆，译.2版.北京：新华出版社，2004：14-15.

的，我国在此基础上确定了育人目标，即培育德智体美劳全面发展的社会主义建设者和接班人。随着时代的发展，育人目标需要做出不断调整以更好地把握历史方位以及迎合社会发展需要，育人内容也应趋于全面性发展。"五育"并举教育思想的提出经历了三个发展阶段，如图1-7所示。

图 1-7 "五育"并举教育思想的发展历程

（一）德智体：共同发展育人探索阶段

1949年9月29日通过的《中国人民政治协商会议共同纲领》，其强调中华人民共和国的文化教育为新民主主义的，即民族的、科学的、大众的文化教育。人民政府的文化教育工作，应以提高人民文化水平、培养国家建设人才、肃清封建的、买办的、法西斯主义的思想、发展为人民服务的思想为主要任务。基于这一教育政策的指导，毛泽东同志提倡青少年要注重健康，坚持不懈地学习、工作，教育要力争培养更多的"三好青年"。1957年6月19日，《人民日报》发表了毛泽东的《关于正确处理人民内部矛盾的问题》一文，毛泽东建议受教育者在德、智育、体育几方面都得到均衡发展，成为有社会主义觉悟的有文化的劳动者。1958年9月19日，中共中央 国务院发出《关于教育工作的指示》，明确提出生产和劳动一定要与教育紧密结合起来，而中国共产党应该领导教育的一切工作。在中华人民共和国成立初期，由于受到国内外宏观经济环境的影响，我国教育侧重于培养学生正确的世界观、人生观、价值观，引导学生树立正确的政治立场，培养学生高尚的道德品格，以便学生今后积极投身于社会主义现代化建设和生产实践中。在这一时期，生产建设被置于首要位置，我国大力倡导广大人民群众参与劳动，使人民群众在生产建设劳动中增强对自我的认知，实现自我改造。当时，受限于生产水平，劳动教育的关注重点是对学生劳动观念、劳动态度方面的培养，不仅注重对学生进行劳动基础知识的传授，还关注学生对劳动生产技术的掌握，并在此过程中纠正学生不正确的劳动态度，将劳动作为劳动教育的重要手段与方法之一。在这一阶段，我国将生产劳动与德、智、体紧密联系起来，为社会主义教育的实践探索打下了初步基础。

（二）德智体美：全面育人发展阶段

自十一届三中全会召开以来，解放精神、从事实中寻求真相的想法备受关注并得到逐渐普及。1985年3月，邓小平在全国科技工作会议上指出，要培育既要具有无产阶级的世界观，又掌握专业知识和专门技术的革命人才，还要培养有远大理想、思想品德高尚、文化素质高、纪律优良的共产主义新人。江泽民同志在纪念中国共产主义青年团成立八十周年大会上发表重要讲话，希望广大青年要树立远大理想，坚持发奋学习，注重锤炼品德，不断开拓视野，勇于进取创新，始终艰苦奋斗。由此可见，随着时代的进步与发展，中国教育越来越重视学生的主体性，以人为本是实现教育可持续发展的必然要求，美育也被纳入全面发展教育的目标。2002年，党的十六大报告提出："全面贯彻党的教育方针，坚持教育为社会主义现代化建设服务，为人民服务，与生产劳动和社会实践相结合，培养德智体美全面发展的社会主义建设者和接班人。"这一时期的教育侧重于全面推动社会主义现代化发展，坚持以人为本、创新驱动，力求行动与时代共同进步，贯彻理论与实践相结合的教育方针。随着社会文明的不断发展，人们对精神生活的追求日益提升，对美的关注程度越来越高。美育的提出建立在德智体三育共同发展的基础上，这也从侧面体现了教育的纵向发展，全面发展的教育逐渐趋于完善。美育着重培养学生的审美品位，陶冶学生的情操，使学生逐渐形成对美的发现、欣赏和创造能力，注重学生身体和心灵的满足，强调美育对健康、完善人格的塑造作用，推动美育与德智体三育的融合发展，有助于培养更多综合素质过硬的人才。

（三）德智体美劳：全面育人成熟阶段

党的十八大以来，中国特色社会主义进入新时代。教育始终将立德树人作为重要抓手，在遵循人和社会发展规律的基础上，培养德智体美劳多方面共同发展的高素质人才，这有助于进一步扩大和丰富教育目标。在 2018 年全国教育大会上，习近平强调要遵循教育规律，坚持改革创新，以凝聚人心、完善人格、开发人力、培育人才、造福人民为工作目标，培养德智体美劳全面发展的社会主义建设者和接班人，加快推进教育现代化、建设教育强国、办好人民满意的教育。自此，我国人才培养目标中又添加了"劳动教育"这一元素，"劳动结合"正式转变为"劳动教育"。相比于中华人民共和国成立之初的"劳动"，新时代的"劳动教育"充分体现了以人为本，强调发挥人的主观能动性，并通过认识劳动的方式实施教育，重点强调对人与社会、人与自然、人与人之间关系的处理与协调。2019 年 6 月 23 日，中共中央 国务院颁布《关于深化教育教学改革全面提高义务教育质量的意见》，文件中强调坚持立德树人，着力培养担当民族复兴大任的时代新人；坚持"五育"并举，进一步深化素质教育。2020 年全国教育工作会议在京召开。会议强调，要提升落实立德树人根本任务的针对性实效性，对准"五育并举"体系中的短板弱项，保持定力、持续用力、精准发力。要绘好爱国主义同心圆，推动教体融合，划出美育硬杠杠，构建劳动教育责任链条，打通家校连心桥。

"五育"育人目标的不断丰富与完善是贯彻新时代人才强国战略的必经之路。"五育"并举教育思想的提出，是对"三育""四育"教育思想的延续、丰富与发展，既一脉相承又与时俱进，是社会主义教育持之以恒探索的结果，充分体现了新时代赋予了人全面发展的新内涵，为我国社会主义教育事业的长足发展指引了方向。

第三节 大数据技术在小学生"五育"并举评价中应用的时代意义

大数据技术在小学生"五育"并举评价中的应用具有重要的时代意义，主要体现在以下三方面，如图 1-8 所示。

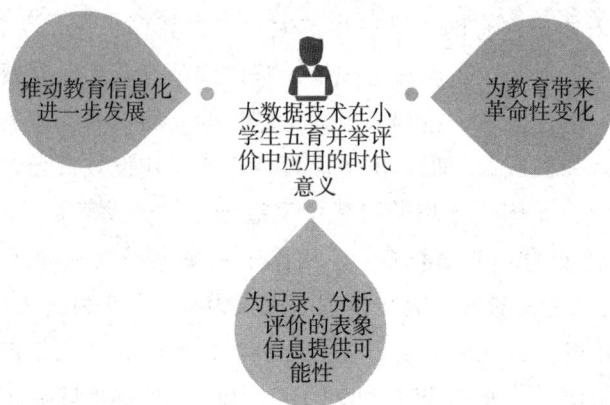

图 1-8　大数据技术在小学生"五育"并举评价中应用的时代意义

一、大数据技术是推动教育信息化进一步发展的现实举措

所谓教育信息化，指的是将现代信息技术广泛且深入地应用到教育教学、教育管理、教育科研等教育领域中，以更好地推动教育改革与发展，它不仅具备"教育"层面的交互性、共享性、开放性等特点，还被赋予了"技术"层面的智能化、网络化、数字化等属性。

为了加快教育信息化的步伐，国家组织、不同国家的政府部门、各类小学及教育工作者做出了坚持不懈的努力，比如联合国教科文组织推进教育信息化、西欧国家提出"尤里卡"计划，我国印发了《教育信息化 2.0 行动计划》等，着眼于教育信息化实践的探索。

目前，互联网、物联网等技术不断进步与发展，为教育信息化的发展注入了强大动力，大数据技术的蓬勃发展更是教育信息化发展中备受关注的话题。为了更好地迎合国际教育的发展趋势，加强对教育大数据的开发与应用，加强教育理论与实践的结合，全面推动新的教育革命与教育信息化发展方向是完全契合的，对小学生"五育"并举评价数据的挖掘、开发、分析等亦是促进教育信息化进一步发展的现实举措。

二、大数据技术为记录、分析小学生"五育"并举评价的表象信息提供了可能性

小学生的综合素质是通过若干个表象呈现出来的。基于大数据技术的支

撑，以往无法利用的信息能够得以有效地记录、分析和利用。小学生"五育"并举评价需要从多维度、全过程入手记录小学生的成长数据，但是，其中还有很多问题需要明确与解决，如小学生"五育"并举评价需要记录哪些数据？如何映射个体全面发展的状态？如果对比与分析个体与群体的大量数据？如何从复杂的评价内容中找到有价值的信息？等等。以一线城市为例，一个区的在校小学生人数就可以达到上万，数字规模庞大，由此上升到全市、省级、国家层面，工作量可想而知。小学生"五育"并举评价工作具有一定的烦琐性，在大数据技术未应用到教育领域之前，人们需要投入高昂的成本，而利用大数据技术，不仅提高了这项工作的便捷性，还极大地降低了人力、物力等成本，大数据在这方面的优势逐渐显现。特别是在过程性数据方面，它能够将学生日常行为数据信息有效记录并保存下来，便于日后教师更加准确、客观地获取学生的个性化信息，更好地开展因材施教教学，进而改变以往统一化、标准化的教育形式。

从小学生"五育"并举评价的价值导向来看，其核心价值在于促进学生全面发展，主要功效在于帮助学生更全面、更客观地认识自己，帮助学校更深入地了解学生和自己的服务，帮助政府更好地了解学校和自己的管理。另外，大数据技术可以详细、全面地记录学生取得的进步与成就，通过长时间的积累，其就能客观、清晰地描述学生的发展特点和个人规划需求。同时，大数据技术在小学生"五育"并举评价中的应用，可以更便捷地记录学生成长的数据，为学生制作数字画像，这样一方面有助于更清晰、具体地表达学生的成长经历，另一方面有助于提升学校管理教学的便捷性。此外，大数据技术还能及时发现班级管理中潜在和现存的问题，做到早发现、早干预。

总之，大数据技术用于小学"五育"并举评价工作中，为教学管理工作的高效率推进创造了良好条件，有助于学生评价效果的强化，并为教学模式的创新提供了新的思路。

三、大数据技术为教育带来了革命性变化

现代教育正处于一个巨大变革的时代，变革的核心问题就在于如何脱胎于工业化时代的大规模教育，并转变为满足个体差异化需求的个性化教育，即根据每位学生的偏好为其提供合适的教育。大数据技术与云技术、环球网（web）2.0 技术、移动技术的深度融合，为移动互联网络环境下个性化学习和泛在学

习指明了新的方向。大数据技术与物联网技术、增强现实技术、地理定位技术的深度融合，为多样化、真实性教学情境的创设提供了技术支持，为互动、体验、探究学习指明了新的方向。基于大数据技术支撑下的小学生"五育"并举评价创建了全新的评价模式。

大数据技术的应用与教育方式的同步变革，展现了代表当代教育的三个主要发展方向。

1. 按照学生个人需求和偏好构建个性化教育新模式。

2. 以新技术为基础构建发展学生面向 21 世纪能力的学习新方式。

3. 由"用经验说话"向"用数据说话"转变，提升对教学行为的分析、甄别和干预的洞察力。

大数据的出现，使人类的再认识能力上升到一个新的高度。海量、实时性、多源、精准映射、非结构化、连续性等，都是大数据的标志性词语，它简直就是人类行为的记录器，还是物理世界特征的"数字写真"。大数据将取代还原论和复杂性的科学，并被看作第四种科学范式（此前已有实验科学、理论科学和计算机模拟仿真这三种科学范式）。数据处理能力现已成为衡量一个国家竞争力高低的重要标准，数据是成败的决定因素，大数据迎来一波热潮。评价并不只是理念的演绎，还离不开技术的支撑。从这个角度来说，未来的评价也需要现代信息技术的支撑，对小学生"五育"并举评价来说，借助大数据技术能够起到如虎添翼的作用，也是未来教育评价学的必然选择。

第二章　基于大数据的小学生“五育”并举
评价之原则与方法

第一节　评价原则

在大数据时代，小学阶段的"五育"并举工作在育人理念和育人目标上与传统教育评价工作有所不同，所以，教育工作者需要特别注意按照小学"五育"并举工作在大数据时代的特点设计相关评价工作的要求与方式，否则小学"五育"并举评价工作就会陷入一种误区：在小学生"五育"并举工作过程中充分运用了大数据技术，充分体现了大数据背景下的教育思维和理念，但是到最后的评价阶段，又与传统评价工作一样采取纸质的终结性评价考试，不仅导致教育信息化过程中出现"数字鸿沟"，也没有从根本上改善学生的应试学习思维，反而强化了大数据背景下的应试学习。这对小学"五育"并举工作的顺利进行会造成不利影响。因此，基于大数据的小学生"五育"并举评价工作，要强调量化评价与质性评价相结合、形成性评价与终结性评价相结合，并利用大数据技术详细记录学生在整个学习过程中的行为痕迹，立足于大数据采集和分析的角度，构建全新的小学生"五育"并举评价思维模式，确保评价体系更加契合小学生"五育"并举工作的初衷与目标。基于大数据的小学生"五育"并举评价应遵循的原则如图 2-1 所示。

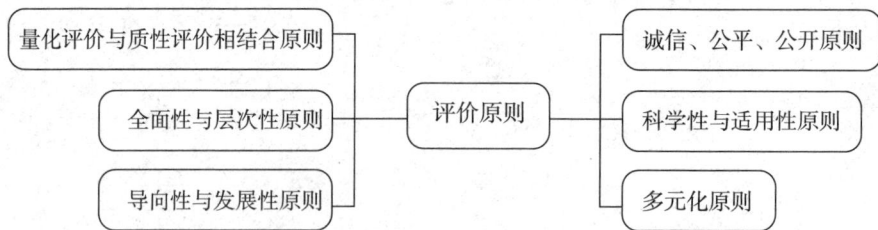

图 2-1　基于大数据的小学生"五育"并举评价的原则

一、量化评价与质性评价相结合原则

受传统学生评价思想的影响，人们评判学生好坏的标准主要依据的是标准化考试结果，相对忽视了学生在教育教学活动中的具体表现。小学生"五育"并举评价的对象是小学阶段的学生，他们是一个个个性鲜明的独立个体，如果将"考试成绩"作为衡量学生各方面能力的唯一标准则显得过于片面。因此，学校有必要改进以固定标准进行的简单量化评价，避免出现过于看重评价结果而忽视评价过程的情况。不可否认的是，量化评价具有较强的可操作性，有着便于计算、准确度高的优点，但学生的兴趣、情感、道德素质等方面实在难以量化，因此只通过量化评价方式对小学生进行评价缺乏一定的科学性。对此，我们需要在此基础上结合质性评价方式，以弥补量化评价的缺陷。

质性评价注重提高评价主体的参与度和互动性，其主张综合运用调查、记录、访谈等多种方式，借助大数据技术收集、记录学生相关信息，并以此为依据实施评价。比如，针对小学生思想道德素质的评价，考虑到这项工作具有特殊性、复杂性，仅根据外显行为很难直接判定学生素质水平的高低，不适宜应用量化评价方式，此时就可以选择质性评价方式，紧紧围绕学生的日常表现和具有代表性的行为，对学生进行客观、全面的评价。因此，小学生"五育"并举评价应该始终坚持量化评价与质性评价相结合的原则，根据小学生在第一课堂和第二课堂中的具体表现，选择适合、高效的评价方法进行评价。由此可以更加准确、全面地呈现学生的各方面能力，清晰地展现学生的优势与不足，使学生明确自身的优缺点，并及时纠正自身的不足以追求更大的进步。

二、全面性与层次性原则

全面性指的是小学生"五育"并举评价不仅要测评小学生对文化知识的掌握程度，更重要的是测评小学生的思想道德素质、身体状况、审美情趣、劳动素养等方面的发展情况。这不仅充分体现了社会发展的需求，还真实地反映了人的身心发展需要。换言之，小学生"五育"并举评价体系的构建需要紧扣德育目标，要力争客观、全面地反映被评价对象各方面的情况，不仅要有评价单方面素质行为的局部性指标，还需要有与被评价对象具备关联性的其他几方面素质行为的综合性指标。而且，不同评价指标之间相互联系、互为补充、层次分明，彼此共同组成了具有系统性、统一性特点的整体。

层次性指的是大数据时代小学生"五育"并举评价工作的开展要立足于实际情况，并针对不同年龄段、不同性格特征、不同类型的学生实施差异化评价。不同学生之间的发展有所不同，这种差异主要体现在行为表现、知识、年龄、性格、能力等多个方面。因此，小学生"五育"并举评价也应该坚持层次性原则，这样才能客观、真实地呈现不同年龄段的小学生各方面的发展水平，从而使每位小学生都能充分认识到自己的长处，增强学生学习与生活的自信心。

三、导向性与发展性原则

导向性指的是大数据时代下小学生"五育"并举评价工作的开展必须要坚持社会主义方向不动摇，始终坚持马克思主义的指导地位。在大数据时代背景下，小学生"五育"并举评价的内容要与党的方针政策保持一致，与国家相关法律法规中规定的教育目标相契合。同时要具有较强的导向性，为小学生今后的发展目标与方向提供指导。通过小学生"五育"并举评价工作的开展，需要让学生进一步明确必须要遵守的准则，以及时、不断地调整自身思想与行为，向评价标准靠拢，为小学生健康快乐成长指明方向。小学生"五育"并举评价是一个系统性、长期性的工程，它由一系列环节组成，如评价目标、评价内容的确定，评价标准的设置，评价方法与方式的确定，数据、资料收集采取的技术，评价结论的呈现等。不同评价环节存在着一种既联系紧密又相互独立、相互制约的关系。清晰的评价目标和内容是评价方法确定的主要依据，简单化、不具体的评价标准会直接影响数据、资料的收集效率与效果，而缺乏真实、有效的数据就无法保证评价结论的准确性，最终影响对学生学习提出的建设性意见。只关注某一环节的评价是很难取得理想的评价效果的，所以我们一定要关注评价的每个环节和全过程。

对小学阶段的学生来说，其自身能动性的发挥能够为其自身真正持续的发展注入强大的生命力，学生自身的动力应当是内在需求源源不断的推动力，这是一种"内生性"的发展，并非"外化型"发展，在学生实现自身发展的基础上也能实现综合素质与能力的提升。基于大数据的小学生"五育"并举评价应坚持形成性评价与终结性评价相结合的原则，不能仅关注最终结果，更重要的是要关注学生各方面的变化和发展过程。每个学期的"五育"并举评价也要关注学生整个学期中的日常表现和发展情况，小学毕业时的"五育"并举评价要关注学生在整个小学阶段的表现和发展情况。

四、诚信、公平、公开原则

学校在实施小学生"五育"并举评价的过程中，要加强"五育"并举评价工作制度建设，提前公布具体、详细的评价目标、内容、标准、程序、方法、规章制度等相关内容，为小学生"五育"评价工作的公平、公正、公开进行提供保障,以便对学生作出全方位、真实性、有效性的评价。基于大数据建立电子档案管理系统,能够实现对学生日常表现、优秀作品的及时有效的记录与保留,为小学生"五育"并举评价工作的开展提供事实依据。小学生"五育"并举评价坚持实事求是、诚信公正,有助于深化学生对自我的认知,使学生树立远大的发展目标和强大的信心。

五、科学性与适用性原则

科学性指的是基于大数据的小学生"五育"并举评价体系应当要求明确、全面完整,保证可以充分体现小学生各方面素质和能力的发展情况,并具备较强的合理性和代表性。评价的取值要保证合理、科学,要从不同角度、不同方面进行,要依照不同类别设置评价内容,整合并分类存在较强相关性的评价方向,尽可能地舍弃一些不必要的细节,以切实提升评价结果的可比性与权威性。

适用性指的是学校在实施小学生"五育"并举评价方案时,必须要精心研究、深入思考,使复杂的工作环节简单化,简单的工作环节彻底化,大大提升评价方案的可行性。评价方案中指标体系的建立要坚持科学、合理的原则,使之具有可评性。小学生"五育"并举评价过程应该充分体现评价主体的多元性,力求评价方法的数字化、信息化。学校构建的小学生"五育"并举评价体系,要能对学生德智体美劳全面发展起引领和促进作用,在学生实现个性发展的同时促进学生共性的发展。而评价标准和评价方法的制定,则必须适应"五育"并举的深化和学生发展的特征。

六、多元化原则

基于大数据的小学生"五育"并举评价的实施,应当注重评价主体、评价内容、评价方法的多元化。在评价主体方面,应该积极鼓励班主任、任课教师、学生、家长、相关管理部门共同参与评价,彼此建立交互式合作的关系,形成民主和谐、平等交流、树立自信的教育过程。小学生"五育"并举评价主体多元化的实现,能够充分整合社区、家长等资源,使各方共同参与对学生德智体美劳各方面的评价工作,进而使其更加了解与关注学校教育工作,使学校有效汇集多方面教育力量,形成不断深化"五育"并举的强大合力,全面推进素质教育。此外,将多元智能理论应用于小学生"五育"评价中,采取多元化评价方法,也有助于最大限度地挖掘学生的潜能。

第二节 评价方法

基于大数据时代背景，小学生"五育"并举评价的有效开展，能为评价对象提供强大的学习动机，充分激发学生自我提升与进步的欲望，同时可以使评价对象利用外界各种工具，实施自主评价。在小学"五育"并举评价过程中，评价方法至关重要，其也是影响评价结果的决定性因素。传统的小学"五育"并举评价方法往往是教师的一言堂，并以口头式评价为主，学生、家长的主动性没有得到充分体现，使学生全面发展受到一定阻碍。所以，采取平等、民主、互动的评价方法，是当前阶段小学生"五育"并举评价亟须解决的重要问题。因此，基于大数据下的小学生"五育"并举评价的开展，必须要充分体现开放性、发展性特点，采取多元化的评价方法。

相关调研结果显示，在教学中引导学生进行自我评价有助于提升其自身的学习积极性，同时，学生在自我评价过程中能主动回顾学过的知识与技能。由此可见，学生自评作为内部评价是教学评价中必不可少的评价方法之一。除此之外，教师评价、同伴互评、家长评价、社会评价等构成了外部评价，其对学生德智体美劳各方面的发展起着重要督促作用，这同样是评价中必不可少的评价方法。因此，基于大数据的小学生"五育"并举评价要采取多元主体的评价方法，如图 2-2 所示，以促进学生全面均衡发展。

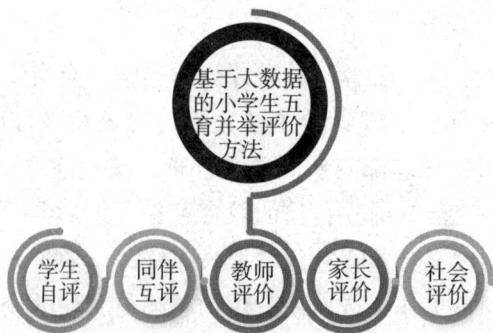

图 2-2 基于大数据的小学生"五育"并举评价方法

一、学生自评

所谓学生自评,指的是学生基于对评价标准的了解,立足于自身的实际情况,以评价标准作为对比对象,分析自己知识、能力、素质等方面的发展水平,对自身目标的达成水平做出自我评判。学生自评在小学生"五育"并举评价中的应用,有助于充分调动学生学习的自觉性、积极性,为学生主观能动性的发挥创造了有利机会,能帮助学生更好地掌握自身的学习进度、学习态度、身体素质、审美水平、劳动素质、思想道德修养等方面的情况。同时,学生在自我评估过程中,能有效锻炼自身的批判性思考能力、自我评估能力、自我认知能力等,以及逐步提升自己发现问题、分析问题、解决问题的能力。由此可见,学生自评也是学生全面发展的需要。

学生自评的内容应该结合教育目标设置。教育目标指的是通过学生参与一系列教育教学活动所期待得到的结果。教育教学活动的开展应该以教育目标为出发点和归宿点,而学生参与教育教学活动的过程和作品是学生取得的成果,也是衡量教育目标是否达成的重要标准。因此,学生自评方法的应用应该紧紧围绕教育目标开展。

以教学活动为例,在学生自评过程中,教师可以在课前为学生发放"五育"并举自评表,并指出学生自评的注意事项。第一,按实评价。每位学生必须从自身实际学情出发,认真、如实填写表格内容,切不可一味追求得分而虚假评价。第二,明确评价时间。"五育"并举评价表是针对学生德智体美劳多方面发展情况展开的评价,并不是只关注结果,还关注过程。因此,评价表的填写时间应该在学习过程中或者是作品完成后进行。第三,确定提交方式。学生自评结束后,自评表与作品应一同提交。通过自评,可以帮助学生回顾所学知识与技能,增强其对教学目标的理解,客观评价自己的学习效果。最后,教师借助大数据技术收集、整理、分析收集的数据,将数据储存到电子档案袋和"五育"评价网络平台中,并作为"五育"并举评价的重要内容。

二、同伴互评

在教育教学活动中,学习结果的展示是重要环节。基于小学生心灵深处强烈的需求,他们特别期望自己的学习结果可以得到身边人的欣赏与肯定。而通过同伴互评的方法,能为学生充分展示自己、与同伴相互学习和进步创造有利条件。同时，有效的同伴互评能有效锻炼学生评价自己和他人的能力，这在无形之中会提升学生的自我反思、自我教育、自我发展的能力。同伴互评还有助于建立自由、和谐、平等的评价关系，最大限度地发挥学生群体性的教育作用，突出体现多元评价以学生为主体的特质，以更好地实现学生共同发展与进步的目的。

以教学活动为例，为了保证同伴互评的有效性，教师可以根据学生当下综合能力与素质水平，将水平相近的学生分到一组，每组两位学生，共同组成同伴互评小组。基于这样的标准分组有助于促进学生之间的相互学习，形成良性竞争的氛围，进而实现共同提升的目的。同伴互评主要依据学生学习过程中的表现、学习结果展开，因为学生学习过程中的表现可以反映学生的学习态度、情感意志、习惯养成等方面的情况，学习结果包括学习作品、报告、产品等，这能体现学生对知识与技能的掌握程度。同时，针对同伴的学习成果，学生可以提出自己的观点与建议，通过双方沟通交流的方式，也会在无形之中帮助学生增强对知识与技能的掌握。

需要注意的是，在同伴互评之前，教师需要先组织学生进行自我评价，在学生理解与掌握教育目标的基础上实施同伴互评。同时，在同伴互评过程中，教师要强调以下两点注意事项。第一，教师应让学生明确互评的目的是互相学习与共同成长。通过学生对同伴学习成果的查看，从不同角度分析学习成果，是学生相互学习的有效方式。第二，教师应让学生明确同伴互评并不是只给出评价结果，而是应该针对自己的评价结果做出充分、有力的解释。这样做的目的在于增强学生之间的相互交流与沟通，进一步深化学生对教育目标的理解。最后，教师将同伴互评的数据统一上传至五育评价网络平台，并及时更新评价的内容，并将其作为"五育"并举评价的重要内容。

三、教师评价

一直以来，教师评价是学生直接获取评价结果的有效方法之一。在小学教育教学活动中，教师对学生的一个微笑、一句肯定的话语、一个鼓励的眼神，对于学生来说都是其探索知识、解决问题的"助跑器"。因此，基于大数据的小学生"五育"并举评价中，教师评价对学生全面发展至关重要。教师对学生的评价主要分为形成性评价和终结性评价。

（一）形成性评价

形成性评价作为新课程的全新理念之一，是教师在教学过程中为了了解学生的学习情况，及时发现教学中的问题而进行的评价，它是相对于传统的终结性评价而言的，具有一定的导向性。这种评价方法并非仅关注对过程的评价而不注重对结果的评价，也并非仅观察学生的表现。相反，形成性评价特别注重学生在教育活动中各方面发展的过程性结果，如解决问题的能力等，并及时有效地评判学生的学习成果，在认可学生的同时找出其中存在的问题，这是过程性评价的一个重要内容。

形成性评价的主要功能并不是对不同学生之间的行为、态度进行区分与比较，也不是根据学生学习的成果对学生划分等级，而是及时反映学生在教育活动中的行为、态度表现，促使学生认真反思自己的不良行为，意识到自身问题并加以改正，从而激励学生各方面共同进步，帮助学生有效把控自己的成长节奏。

大数据的不断发展，为教师在小学生"五育"并举工作中更好地开展形成性评价提供了重要依据。基于此，教师在优化传统过程性教学评价的同时需要加强对学校数据信息收集平台的灵活运用，其中主要包括心理测评系统、素质拓展系统、学习管理系统、教务教学系统等，深入挖掘、全面收集学生的相关信息，以更好地掌握学生当下的学习、身体、思想、心理等方面的状态。以教学活动为例，教师在应用过程性评价方法时，需要先进一步明确基础数据来源，包括课堂学习、课后作业、日常测试、校内外实践活动、单元检测等，并将有效学习数据录入数据库，方便教师评价学生的个体信息和整体信息，并以此作为重要依据调整与优化教学方案。在具体的形成性评价中，教师要将关注重点放到学生学习状态、自主学习密度、课堂参与程度等方面。

（二）终结性评价

所谓终结性评价，指的是对教育教学目的的完成情况而进行的恰当评价，其与教学目的存在着十分密切的关系。以教学活动为例，在一个单元或一个学期的教学活动结束后，对最终教学目的的完成情况所进行的评价，都属于终结性评价。终结性评价不只是对教师教育教学效果的审查和总结反馈，也是对学生对知识与技能的掌握程度以及学习态度、价值观、情感态度等方面的评价。终结性评价的目的在于对整个教育过程做出总体评价，给学生下结论或者分类。

以教学活动为例，在传统教学工作中，考试是一种应用广泛、直接、清晰的终结性评价方法，但这样的方式往往流于形式或停于表面。这就要求教育工作创新终结性评价方法，综合运用多种方式对学生展开全面的评价。基于大数据时代，教师的终结性评价可以这样进行：根据学生当下各方面的能力水平，将学生分为6人一组，并以小组为单位对阶段性的学习成果、学习有困难的部分等内容进行讨论与总结。同时，学生要实事求是地评价教师的教学方式，为教师今后的教学提供一些合理的建议，以帮助教师更好地实施教学。小组讨论环节通常以小组长为核心，小组成员共同围绕相关问题展开分析与总结，讨论结束后，教师要表扬表现突出的学生，并委婉地指出学生有待改进的地方，为每位学生提供针对性、有效性的指导。根据小组反馈的结果，教师可以有针对性地优化与调整教学方案，并根据学生反馈的问题给学生查缺补漏，完善教学内容。

借助智慧教学平台，教师可以及时记录教育教学反馈的时间、次数、关键词等内容，使其最终形成系统化的终结性教育教学反馈报告，并将其作为终结性评价的标准。另外，智慧教学平台还可以设置阶段性的问卷调查，引导学生反思与总结自己阶段性的成果，制定下一阶段德智体美劳五大方面的发展目标，并在下一阶段的终结性评价时自行对比是否完成相应的目标，这样有助于增强学生在教育活动中的积极性。

四、家长评价

目前，学校与家长合作参与小学教育已成为世界教育发展的主流趋势，基于这样的背景，家长作为孩子成长过程中的重要"见证人""直接感知人"，可以从孩子的变化中看出教育质量的优劣，因此他们应多参与小学"五育"并举工作。2015年，教育部印发了《教育部关于加强家庭教育工作的指导意见》，文件中明确指出家庭是社会的基本细胞，家庭教育工作承担着重要的使命和责任，各地教育部门和中小学幼儿园要从落实中央"四个全面"战略布局的高度，不断加强家庭教育工作，进一步明确家长在家庭教育中的主体责任，充分发挥学校在家庭教育中的重要作用，加快形成家庭教育社会支持网络，推动家庭、学校、社会密切配合，共同培养德智体美劳全面发展的社会主义建设者和接班人。由此可见，家长有必要参与小学教育，包括小学"五育"并举评价工作。

在各个教育教学活动中，家长如果经常拿自己的孩子和班上同学做对比，很容易挫伤孩子的积极性。同样，家长鼓励性的语言在孩子学习中起着积极作用，不恰当的语言容易打击孩子对未来学习的信心。因此，家长在参与小学生"五育"并举评价时，应该将关注点更多放在学生在教育教学活动中的表现上，多肯定与称赞学生各方面的进步与差异，用激励性评价达到促进学生进步与发展的目的。另外，家长要优化评价方式，善于运用多角度评价方法。小学生是受感情驱动的个体，而且具有丰富的想象力，常常将自己的感情、愿望依托于绘画、手工、剪纸等作品中。家长在欣赏自己孩子创作的作品时，不应该将评价角度停留在作品的造型、色彩方面，还应该更多关注作品的内涵，关注孩子通过作品表达的情绪，关注孩子通过作品传达了怎样的生活经验、生活想法，以及这些作品体现了哪些创意等。多角度评价有助于提高学生学习与生活的自信，为学生全面发展奠定基础。

基于大数据时代，学校可以构建大数据评价系统，构建电子档案袋，并通过家长交流群、家长会等多种渠道，向家长普及电子档案袋的正确使用方法。家长需要将孩子在家庭生活中各方面的真实情况记录到电子档案袋中，并对孩子的表现作出客观公正的评价，适时帮助孩子反思自己近期取得的进步和不足，在发挥强项的同时不忽视弱项，真正实现个性化发展与全面发展。

五、社会评价

社会评价指的是教育系统外的各种非政府组织对教育活动实施的评价，他们不仅可以接受教育部门的聘请，立足于教育发展需要的视角，有重点地评价学校教育活动；也可以不受教育部门的委托，自主独立地评价学校教育活动。社会评价的主体具有稳定性、组织性特征，他们并不是由随意组建的临时性群众团体，而是由可以代表大众社会意识的人组成的有组织的群体，这可以保证社会评价的信度和效度。小学多类型、多层次的发展趋势，致使以往以政府为主体的单一教育评价已经无法满足对不同类型作出有效评价的需要。有效的社会评价，不仅能丰富评价的主体，规避单一教育评价的弊端，还能更加关注学生道德品质、公民素养、审美与表现、交流与合作、运动与健康等方面的发展，促进学生综合能力和个性化的发展。作为一个社会人，学生要想更快地适应社会生活，必须具备社会人的基本价值观念和行为，通过学校与各社会机构的配合，加强对学生的社会评价，能帮助学生形成与社会要求相符的价值和行为。

基于大数据时代背景，各种网络平台、系统、技术等为社会评价提供了诸多便利条件，通过对学生教育数据的了解，社会评价主体能更全面地分析学生的价值观、言谈举止，这有助于提高社会评价的专业化、权威化和科学化，营造"人人关心教育"的社会评价氛围，更好地监督与促进小学素质教育的实施。

第三章 "五育"并举之"七尚"综合评价体系的构建

第一节 评价的功能

教学评价的功能指的是教学评价活动本身所特有的可以引起评价对象变化的功用和能力。教学评价功能常常与评价价值联系在一起,其主要通过教学评价活动与结果作用于评价对象而体现出来。小学生"五育"并举之"七尚"综合评价体系的构建,从根本上改变了教师"一锤定音"的局面,实现了教师、学生、家长、社会多方的共同参与,提高了评价的全面性。

通过构建小学生"五育"并举之"七尚"综合评价体系,可以使教师了解每个学生全面发展和个性发展的情况,及时获得重要有效的反馈信息,发现教学中存在的问题,归纳总结教学经验,持续不断地改建教学,切实提升新时代育人质量;通过构建小学生"五育"并举之"七尚"综合评价体系,可以使每位学生了解自己各方面发展的情况,扬长避短,努力使自身获得德智体美劳各方面的均衡发展。小学生"五育"并举之"七尚"综合评价的具体功能主要体现在以下三方面,如图 3-1 所示。

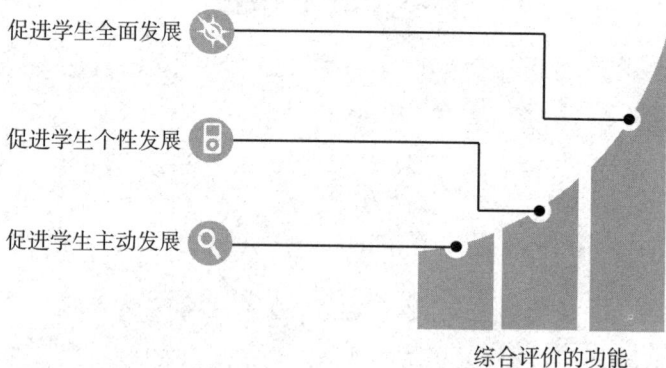

促进学生全面发展

促进学生个性发展

促进学生主动发展

综合评价的功能

图 3-1 小学生"五育"并举之"七尚"综合评价的功能

一、促进学生全面发展

传统教学评价将关注点放在学生的薄弱之处,旨在通过引导学生查缺补漏弥补自身的不足,使学生各方面基本达到理想状态。其初衷是值得肯定的,但大量心理学研究证实，失败对积极乐观态度的形成有一定的阻碍，失败很可能会降低学生的自我效能感，常常强调学生的劣势，容易催生学生的焦虑和紧张情绪，导致学生作出消极的自证预言，使学生越来越自卑；如果学生长期陷入失败的深渊，而且通过坚持不懈的努力也无法获得成就感，他的内心就会觉得失败是理所应当的，并为失败寻找借口。因此，教学评价不能只将成绩作为评判学生优劣的标准，这样容易打击学生的自尊心，引发学生的自卑心理，而是应该对学生生命整体发展进行评价。

《义务教育课程方案和课程标准（2022年版）》指出："强化素养导向，注重对正确价值观、必备品格和关键能力的考查，开展综合素质评价。""五育"并举之"七尚"综合评价以学生发展为根本，一改以往简单生硬的评价方式和"唯成绩论优劣"的现象，依据学生在多个方面的表现，将每方面的能力和素质又进一步细化为行为重点进行考查。比如，将热爱集体等抽象描述细化为可观察、可操作的行为，以便更好地考查学生的表现；对学生身心健康方面的考查，细化为学生参与各项体育运动的成效，以及面对挫折、困境的表现等；对学生艺术素养的考查，细化为学生在书法、戏曲、音乐、美术等方面的兴趣特长和相关作品等。通过形式多样的教育活动培养学生兴趣，为学生综合能力的提升提供发展平台，并通过学生在实践中具体行为表现考查学生各方面的情况，这种将"唯成绩是举"的评价转变为多方面考核，能让学生全面认识自己，看到自己身上更多的可能性，进而培养生活和学习的自信。

"五育"并举之"七尚"综合评价体系的构建，着眼于学生多方面能力与素质的自由和谐发展，以全面发展为人才培养规格，以"尚善的品格、尚博的底蕴、尚进的学力、尚美的旨趣、尚强的身心、尚实的行动、尚畅的视野"作为基底色，对难以测量的能力和素质转化为学生的实际表现和客观描述并作出质性评价，其丰富的评价内容对学生全面发展大有裨益，有助于培养学生健全的人格。"五育"并举之"七尚"综合评价的实施，促使学生个人观照整体的自我，以实现健康全面发展；促使教师树立正确的人本观，做学生灵魂的塑造者；促使社会转变思想，树立全面科学的人才观。

二、促进学生个性发展

木桶理论提出，要想将一只木桶盛满水，必须保证每块木板完好无损且一样平齐，换言之，最短木板的长度决定着木桶的水容量，即一个人要想成功就必须补齐所有短板。而当把木桶放于斜面时,木桶倾斜方向木板的长度决定着木桶的水容量,同时,周围木板也发挥着重要的辅助作用。斜木桶理论从一个与众不同的视角看待人的成长,同时,"五育"并举之"七尚"综合评价强调发现学生的优势与长处,而不是强调学生的劣势与短板,在维护学生自尊的同时肯定了学生的价值,从根本上改变了教育评价的思路。

全面发展的基本内涵是和谐发展、均衡发展,而非平均发展,个性发展的基本内涵并非专攻而偏废其他,而是在全面发展的基础上实现选择性的发展。在人的发展问题上,不被认可的学生容易陷入习得性无助的困境,甚至直接放弃自己。人的发展是一个构建的过程,经历"孕育—显现—成熟"的历程,学生各方面才干所处状态有所不同,有些尚处于潜在状态,有些已经发展成熟。每位学生的能力和素养都以不一样的速度和方式行驶在一条高低不平的道路上,如果学生某些优秀品质没有得到认可,相反因为成绩不理想被看作差生,最终只会被埋没,难以绽放光芒。价值观的不同导致对事情的反应不同,从根本上讲,成绩排名、荣誉称号会导致"表扬"被成绩优异的学生垄断,很可能使学生陷入片面的成绩竞争中,缺乏人文关怀,势必会抑制学生心智的健康发展。

人在德智体美劳等方面的均衡发展虽然具有内隐性,但是能通过活动表露于外,其行为过程的生成性充分体现了学生充满生命力的、细腻的内心世界。以多种活动为媒介,持续性地观察学生的具体行为表现,捕捉细节之处,发现学生在这些方面表现出的突出特质和兴趣特长,深入挖掘学生的潜力,有助于促进学生个性发展。就过程性而言,"五育"并举之"七尚"综合评价是持续发展和培养学生个性特长的过程;就目的而言,"五育"并举之"七尚"综合评价在共性基础上尊重并肯定学生的差异性,积极鼓励学生进一步发展自己的独特性,探寻适合自己的舞台并大放光彩。这不仅能保证维护每位学生的生命尊严,还有助于学生树立正确的自我认知观,使学生自尊自信地成长。

三、促进学生主动发展

对于学生全面发展来说,学生生动活泼地主动发展是灵魂,也是避免"单边性"教育的重要指示。让学生"愿学、乐学、会学"的重要程度要远远超出"授人以鱼",获取知识固然重要,但更重要的是培养学生主动获取知识的兴趣和积极性,只有自觉主动才可以创新创造。传统教学评价具有一定的局限性,将教育理想的创新限制在应试教育的条条框框内,会使学生的成长缺乏内在动力和内在主动,这在一定程度上会抑制学生生动活泼的成长。只有从内而外地调动学生的积极性、主动性,使学生在学习活动中保持主动性态度,为学生求异思维的产生创建空间,促进学生独立人格的形成,才能从真正意义上使学生生动活泼、快乐成长。

学生意志具有不受他人控制的特点,要想唤醒学生的主体意识,既要教师适当地"简政放权",又要学生充分调动自己的"内驱力"。相对来说,依赖学生自身主动发展是一件比较困难的事情,而"五育"并举之"七尚"综合评价的实施,强调学生的日常性记录,通过如实记录学生的实际行动等外在行为,促使学生进行自我反思评价、自我规划成长等,有助于激发学生的"内驱力",帮助学生养成长久、良好的行为习惯,通过潜移默化的影响使学生转变内在思想和意识,促进学生主体性发展,从而实现学生积极主动成长。因此,"五育"并举之"七尚"综合评价的实施,有助于学生对自我的认知,使学生做好人生规划,从而实现积极主动发展。

另外,学生某一方面的主动对其他方面的主动起着带动作用,进而汇聚成一股强大的能量促成其他方面的成功。"五育"并举之"七尚"综合评价的实施,起着重要的调动作用,能激发每位学生培养自我价值的希望,使学生有意识地进行自我观察和自我分析,并分析自身优势、不足和成长空间,主动弥补自己的缺点,从而充分发挥学生自身的主动性和主体性功能。生命的至高境界在于认识自己,教育是一个促进学生生命成长的过程,"五育"并举之"七尚"综合评价的实施能维护学生的主观能动性,从外借力,向内而生。

第二节　评价的内容

小学生"五育"并举之"七尚"综合评价的内容主要包括七部分,分别为尚善的品格评价、尚博的底蕴评价、尚进的学力评价、尚美的旨趣评价、尚强的身心评价、尚实的行动评价、尚畅的视野评价。

一、尚善的品格评价

品格作为一种心理特征,指的是个体或群体的智力、情感和道德质量,以及他们在道德生活、社会行为中体现出的美德。品格由道德、非道德以及与行为有关但与道德无关的自我心理等内容构成，它是个体经过后天的家庭或学校环境培养形成的一种人格特质。影响学生品格形成的因素比较复杂，除了自然、家庭因素，还包括社会环境、历史事件、社会习俗和媒体传播等因素。尚善的品格评价内容主要包括四方面，分别为行为规范、自我管理、活动参与、家庭表现。

（一）行为规范

要想成为一名合格的小学生，遵守日常行为规范是基本要求，主要包括自尊自爱、注意仪表；诚实守信、礼貌待人；遵规守纪、勤奋学习；严于律己、遵守公德等。

（二）自我管理

培养学生自我管理意识和能力，不仅是小学教育与管理的重要内容，也是小学教育目标的本质要求。在个人管理、集体管理及德育活动等方面，学生应具备一定的自我管理意识和自我管理能力。

（三）活动参与

在班会活动、队前教育及少先队活动中，学生应具备良好的思想品德素质，包括树立爱国主义精神，尊敬和爱护国旗、国徽和国歌；拥有正确的劳动观念，珍惜自己和他人的劳动成果，爱护公共财物；树立为人民服务的精神，把在集体生活中做好事当成习惯，甘于奉献，将个人得失置于身后；团结友爱同学，学会与同学和睦相处，给予他人关心，树立良好的协作精神等。

（四）家庭表现

学生在家庭生活中可以展现出真实的自己，通过家长评价学生在家庭中的表现，能帮助教师了解不一样的学生，对学生形成更加全面的了解。家庭表现评价内容主要包括三方面，分别为学生是否认真完成学习任务、是否做到尊老爱幼、是否积极做一些自己力所能及的事。

二、尚博的底蕴评价

帮助学生构建知识底蕴，有助于学生提升自身的思维层次。随着学生思维层次的不断提升，学生对世界的认知程度也会随之升高，这会使学生对世界的认知更加清晰。同时，有了雄厚的知识底蕴，学生就能获得更加丰富的知识，以便做出对自己学习有利的决策。因此,加强对小学生尚博的底蕴评价具有重要意义。从整体上来看,对学生尚博的底蕴评价可以分为两个方面,即校本课程和竞赛活动,具体评价内容如下。

(一)校本课程

第一,学科课程(语文、数学、英语、科学、音乐、美术等)。其指的是以各科教学大纲规定为依据,来判断学生对各科知识的掌握程度与认识能力水平。其中,语文、数学、英语三门课程要达到优秀等级,其他各科要达到良好等级。此外,还要求学生的基础知识牢固、扎实,并可以体现在笔记、考试、作业当中,不存在明显的偏科情况。

第二,特色课程(国学、思维、剑桥)。其指的是学生对各特色课程的学习兴趣以及对各特色课程知识的掌握程度。

第三,项目式课程。其指的是学生应主动参与项目式课程学习,并具备一定的自主协作能力及探索创新意识。

(二)竞赛活动

第一,学科类竞赛训练。其指的是学生每学年参与语文、数学、英语、科技竞赛训练的情况。

第二,竞赛获奖。其指的是学生在学科类竞赛中获得的成就与奖项。

三、尚进的学力评价

"学力"意指学习者在知识、能力、技能技巧等方面达到的水平,也包括其学习潜力。对学生尚进的学力评价不仅要评价学生学力的实际状态,也要评价学生学力的潜在状态(潜力),具体评价内容如下。

(一)学习动力

学习动力指的是学习者具备的自觉的内在驱动力,主要由学习动机、学习体验及学习目标三部分构成。学生在日常学习中学习动机的形成,主要来源于积极的学习态度以及浓厚的学习兴趣。

(二)学习潜能

学习潜能是一种与现实学习能力相对的能力,是教学过程中学生尚未表现的潜在的学习可能性。通过学生的自身努力或教师的正确指导,学生可以使学习潜能转化为现实的学习能力。为了更好地开发和利用自身的学习潜能,学生应该不断提升自身的学习能力，以及增强对学习方法的掌握与应用能力。

（三）学习过程

在学校教育教学活动中，学习过程是学生与教师、同学及教学信息通过相互作用，获取知识、态度以及技能的过程。学习过程涉及预习、听课、作业、预习等诸多环节，学生必须合理把握学习过程，在学习过程中积极表达与交流，主动参与合作探究活动，才能取得理想的学习效果。

（四）学习成果

学习成果又被称为"学习结果"，它指的是学习者通过学习获取的能够实现人的各种行为的能力。优秀的学习成果需要学生获得良好的学习效果，取得优良的学习成绩，积极参与各种学习实践活动，并在实践中勇于创新，以及取得良好的实践成果。

四、尚美的旨趣评价

学校既是为学生提供教育服务的重要场所，也是培养特长生的主阵地。尚美的旨趣评价内容主要包括两部分，分别为艺术兴趣和艺术特长。在先天遗传因素和后天环境因素的综合影响下，每个学生都具有独特的个性。通过培养学生艺术特长和艺术兴趣，让学生学会通过涂抹颜料、演唱歌曲等方式表达自己的心境和情感，有助于促进学生的个性发展。同时，学生身体跟随音乐有节奏地晃动，这能提升学生身体的协调性、节奏感；通过锻炼学生的绘画能力，有助于提升学生的视觉和空间能力；学生在艺术能力的发展中，其听觉能力和语言表达能力也能获得一定的发展。

（一）艺术兴趣

学生要想具备艺术兴趣，首先需要对音乐、美术等艺术必修课具有比较浓厚的探索和学习兴趣，同时对一个或多个艺术学科具有特殊的兴趣，而且具有稳定性和持久性。其次，学生需要积极参加艺术选修课，认真完成艺术选修课的学习任务。最后，在班级艺术活动中勤奋学习、不懂就问，面对学科竞赛保持积极态度，并争取在某些方面取得优秀成绩。

（二）艺术特长

艺术特长指的是学生在美术、歌唱、体育、书法、演讲等方面的艺术活动，或者某一学科上取得了优异的成绩，超过同一年级其他学生的水平，并在校、市、省、全国竞赛中取得了好成绩。

五、尚强的身心评价

对于小学生来说,身体健康永远是第一位。从整体内容来看,对学生身心健康状况的测量与评价主要包括心理健康、体能素质两方面,具体评价内容如下。

(一)心理健康

心理健康是当代小学生健康不可分割的重要内容,它指的是个体心理的各个方面及其在活动过程中始终保持一种良好或正常的状态。心理健康的理想状态是保持智力正常、性格健全、意志合理、认知正确、情感适当、态度积极、行为恰当等。

(二)体能素质

1. 体质

学校应严格按照《国家学生体质健康标准》《关于进一步加强中小学生体质健康管理工作的通知》,根据学生所处年级,按照相应的评分标准对学生的体重、身高、肺活量等进行测评。

2. 视力

视力监测结果填报数据主要包括中小学生左眼裸眼视力、左眼屈光度、右眼裸眼视力、右眼屈光度四项内容。学校应对视力异常的小学生及时进行提醒教育,及时告知家长带孩子到眼科医疗机构进一步检查确认,控制近视发生发展,对于已经近视的学生,应采取相应措施避免其成为高度近视,做到早监测、早发现、早预警、早干预。学生每日要认真完成眼保健操等。

3. 体育必修课

首先是学生对体育知识的掌握程度,学校应以体育教学大纲为主要依据,考查学生对相关体育基础知识和生理卫生常识的掌握程度;其次是学生对运动技能的掌握程度,主要考查学生对基本运动技能的掌握程度,包括体育姿势与动作是否标准、自然、协调、优美,以及他们对动作掌握的熟练程度;最后是学生的出勤情况,主要了解学生参与体育课的态度和积极性。

4. 体育选修课

学生要重视体育选修课,不能无故缺勤,在体育选修课程的学习中要积极主动，认真学习体育知识和技能。

六、尚实的行动评价

只有积极行动，人生之门才会开启，人生之路才会不断向前延伸。评价学生行动的重要性显而易见。对学生尚实的行动评价，教师应该将评价关注点放到学生行动的目的性、主动性、互动性上，同时要注重对学生行动实际效能的评价。在对小学生尚实的行动进行评价时，评价内容可以从劳动技能、实践活动两方面入手。

（一）劳动技能

1. 工农业生产技能

这方面的评价主要以劳动技术课大纲为标准，评价学生对劳动技能的掌握程度。具体来说，主要包括学生栽培农作物、饲养农畜家禽等农业生产的基本技能；学生对锤、刨、锯等手工劳动工具的使用技能；学生对原材料和半成品进行加工的技能，以及装备机器零件的技能；学生识别图表、制作图表的基本技能；学生借助实验室设备开展科学实验的技能；学生对家用电器进行拆卸、清理、维修的基本技能；等等。

2. 家务劳动技能

这方面的评价主要包括以下内容：打扫家庭卫生，如扫地、擦桌子、擦玻璃、清洗餐具等；购买日常生活用品，如购买大米、牙刷、香皂等；日常家务劳动，如洗菜、蒸米饭、炒菜、倒垃圾等。

3. 社会公益劳动技能

这方面的评价主要包括以下内容：美化街道、植树造林、知识传播、文化艺术活动、社团活动等。

4. 自我服务技能

这方面的评价主要包括以下内容：自己清洗衣服、鞋子、书包等个人用品，保持个人用具的干净整齐，定时打扫房间，等等。

（二）实践活动

实践教育是贯彻落实新时代育人理念的必然要求，也是小学教育促进学生成长成才的重要载体和抓手。根据实践活动的时间的不同，可以将实践活动分为春季社会实践、秋季社会实践；根据实践活动的场所的不同，可以将实践活动分为基地社会实践、家庭社会实践。对学生参加实践活动情况的评价,主要内容可以从以上几个角度入手。

七、尚畅的视野评价

开阔的视野对每个人都很重要,特别是对年幼的小学生来说。通过拓展小学生视野,有助于培养小学生的想象力和创造力。小学生由于年龄比较小,所以无法记清楚一些具体的东西,但是全新的画面、与众不同的风景、前所未有的体验会给他们留下深刻的印象,能很好地培养他们的想象力,进而提升他们的创造力。此外,帮助他们扩充知识储备库,带领他们感受各种文化艺术,能使他们更早发现自己的兴趣爱好,了解自己的优势与特长,如此,就能更早地树立正确的人生目标,并为之而努力奋斗。

尚畅的视野评价的内容主要包括三部分。第一是学生对中外文化和风土人情的了解。面对不同国家和城市的不同文化和风土人情,学生会收获不同的体验,加强学生对中外文化和风土人情的体验,能培养学生良好的气质,在拓宽学生视野的同时,能让学生更热爱生活。第二是学生对各学科知识的融会贯通。不同学科知识的分支繁杂且细致,但相互之间存在着一定的关联性,帮助学生丰富各学科知识储备量,有助于学生系统地学习各学科知识,形成良好的融会贯通能力。第三是学生对大自然的了解。一些对于成年人来说司空见惯、平淡无奇的东西,对小学生来说很可能充满了新鲜和未知,如小区内的花花草草、地上的一只蚂蚁、大树下的一根小树棍等,这些都能使小学生感到异常兴奋。因此,增强小学生对大自然的了解,让小学生充分感受大自然的美妙,是拓展小学生视野的重要途径。

第三节 评价的方法

评价方法是小学生"五育"并举之"七尚"综合评价的骨骼,它支撑和架构着评价的各个相关要素,决定着小学生"五育"并举之"七尚"综合评价的质量。在教育评价改革的大趋势下,我们应该在借鉴现有评价标准的基础之上,从实际情况出发,通过不断地实践探索,总结与小学生身心发展规律一致的评价方法,以充分发挥评价的功能。本节从以下几方面对小学生"五育"并举之"七尚"综合评价方法进行分析，通过运用多元化的方法收集能够彰显评价对象个性特点的有效信息，能在克服单一评价方法局限性的同时，充分调动评价主体的积极性，全面提升小学生"五育"并举之"七尚"综合评价的有效性，为小学生"五育"并举之"七尚"综合评价的实践操作提供一定的参考价值。

一、运用"精准具体的定量"与"多方面多角度定性"相结合的评价方法

小学生"五育"并举之"七尚"综合评价需要依据一定的标准，对学生各项五育要素的状况作出评判，科学合理的小学生"五育"并举之"七尚"综合评价体系就是量化标准的具体体现，而科学合理的评价也需要量化成分的支撑。而且，客观化、等值化的特征信息有助于计算机技术的数据整合与分析，从而提高整个评价过程的科学性和客观性。

量化评价的优势主要体现在以下两方面。一方面，用数字来表征小学生"五育"并举之"七尚"综合评价的量化评价信息，能够大大缓解评价内容载体的负担，为计算机等技术在评价过程中的应用提供可能性，进而推动测评现代化的实现。而且，基于量化指标的引导，教师可以根据学生的外显行为实施加权评分，切实提升评价操作的便捷性与评价效率。另一方面，量化评价能够将学生在品格、底蕴、学力、旨趣、身心、行动、视野七方面的各项特征信息转变成数字进行运算，切实提升了评价结果的科学性和可靠性，避免了教师评价单纯依据个人经验和固有印象问题的发生，从根本上规避了评价主体的片面性、主观性和随意性。但量化评价也有一定的限制，即要想实现对学生各学科、全方位的真实评价，就需要全面采集学生表现的信息，并以学生外显行为和内在动机一致为基础。

(一)运用操行评定法全方位评价学生

操行评定法指的是通过肯定学生的优点，指出学生的缺点，并为学生指明努力的方向，以实现激发学生奋发向上的目的。通过制定评价量表，便于相关评价工作者更快地着手，为评价学生在平时生活中的各方面表现提供可能性。评价者可以使用现有的小学生综合素质课堂评价量表，或者结合本校学生的实际情况，进一步细化学生品格、底蕴、学力、旨趣、身心、行动、视野七方面

的具体表现，使之成为数个评价点，并赋予相应的分值，对涉及学生日常生活与学习方面的相关表现进行评价。通过整理、分析和总结，对学生现阶段品格、底蕴、学力、旨趣、身心、行动、视野七方面的发展水平作出一定判断。需要注意的是，教师要有意识优化传统评分方式，尽可能规避终结性评价带来的消极影响，可以将"等级"看作总结优点指出下阶段前进方向的"级别"。比如，某学生在本学期每次都可以勇于克服学习中的困难，但在团队合作学习中的合作意识有待进一步的增强；教师可以将本学期的评价结果用于指导下学期的教育教学实践，充分发挥评价的教育导向作用。

（二）运用积分测评以及加权综合测评法量化学生的操作行为

评价体系在教学评价实践中的有效应用，应当充分考虑学校情况、教学内容和要求、学科特点、学生实际情况等因素，全面考量和修改评价内容，还可以运用积分测评法，将学校教学目标转化为一些具体并能用数字化方式进行测量的操作行为项目，设置课堂表现、课下表现、思想认知、家庭表现等多个模块，在新学期开始之际让学生明确量表中各项内容对应的分值和评分要求，教师、学生自己、同学、学生家长等主体需要找到自己负责的模块，定时完成对相关行为项目的评分。由于每个主体的评价分值对评价结果都会产生影响，为了减少影响，我们可以采取加权综合评测法，赋予不同评价主体、不同行为项目等不一样的比重，以最终分值为准。

在依据一定标准评判学生各方面要素状况时，由于很多要素是一个较为模糊的概念，如在体育、艺术、绘画等活动中，是否做几件对团队有利的事情才能称得上具有团队合作精神？这很难用数量多少来评判。但是，在某学生无不良动机的前提下，为了达到团队的胜利，多次积极配合队友，奋发向上，努力拼搏，我们也能认为该学生具备一定的团队合作精神。对小学生"五育"并举之"七尚"综合评价的摸索与研究，不应停留于制定精细化的量化指标，并以此为依据评价学生各方面的状况。这并不代表评价工作任务的完成，而是应该让学生通过参与丰富的实践活动，持续不断地发扬崇高的精神品格和道德风范，由内而外地展现良好的品行。因此，评价应着眼于其本质和关键特征，持续在经验中进行模糊判断，最终得出综合结果。

（三）运用情境实践测评法把握从行为类群反映学生品德水平的必然性

学生是具有独立意识的人，其在各项活动中具有较强的自主性和能动性，这无形中增强了"五育"并举之"七尚"综合评价的难度，因此评价主体很难准确、全面地把握学生的一切外显行为。通常情况下，学生在某种特定情境中做出的某个或某些行为是具有偶然性的，如果某个或某些行为经常出现在各种各样的情境中，那么人们用这些行为作为评判学生各方面水平的依据也具有一定的必然性。当然，并不是任意一种行为都能体现学生各方面的内在素质，这就需要评价主体在观察和评价过程中捕捉能够反映学生各方面素质的行为。教师作为评价工作的组织者，需要不断提升自身素质和业务能力，并在有效掌握评价内容的基础上，采取情境实践测评法，有机结合现实课堂和课外活动，为作为被评价者的学生构建特定的情境，使学生沉浸其中，通过定性与定量相结合的形式，对学生在不同情境中做出的各种行为进行评价。比如，不同评价主体需要以定性为依据得出每项行为项目，并为学生进行定量评分，同时作出定性的说明，这也就是我们所说的"定性—定量—定性"评价方法。

"五育"并举注重学生全面健康发展，量化评价很难从本质上发现学生当前各全面发展的内在价值，只能测量出学生在某些方面的外显行为。从实质上来说，对学生行为表现的量化评价蕴含定性成分，因为品德、兴趣、技能等的存在形式具有特殊性，这就要求小学生"五育"并举之"七尚"综合评价的方法没有脱离"定性"存在的"定量"。因此，通过有机结合"精准具体的定量"和"多方面多角度定性"，能够提升对学生评价和描述的准确性和清晰度。

二、运用过程性、教育性与形成性的评价方法

从某种程度上讲，评价的目的是提供一个科学的诊断性方案，以帮助那些暂时未达标的学生取得进步与发展。形成性评价强调评价的主要目的在于改进与优化教学，其具有重要的教育功能，这逐渐受到了人们更多的关注与重视。为了维护学生的自尊和自信，我们在对小学生进行"五育"并举之"七尚"综合评价时应该加强形成性评价、教育性评价和过程性评价，以学生在某一阶段中各方面素质的发展水平为依据，有针对性地改进与优化教学，更好地促进学生的全面发展。

根据小学生品德、学业、身心健康、艺术兴趣、劳动技能等方面的发展规律可知，不同年级学生的发展水平所处阶段也不同，因此有必要构建小学生综合素质评价系统，并运用信息技术评价方法对学生在小学阶段的成长进行追踪。

教师还需要结合教学内容和学生学情，确定评价的指标，使学生进一步明确评价的重点。比如，在对小学生体育品德评价过程中，由于教学内容有所差异，所以对小学生体育品德的培养也有所不同，为此，体育教师在评价的时候应该依据教学内容性质确定合适的指标。比如，在强调学生个体发挥的体育课外活动中，涉及诸多个人因素，教师在设置评价指标时可以将重点放在学生的个人体育素质、进取心、顽强拼搏等方面。而在强调团体合作的足球、篮球等体育项目或活动中，教师在设置评价指标时可以将重点放在学生的合作精神、团队协作能力等方面。

三、开发小学生综合素质评价系统，运用信息技术评价方法

基于大数据的支撑，我们可以全面、深入地获取海量数据，以便更好地探求事物发展的本质规律。基于大数据背景，学校可以借助各种终端，如摄像监控、校园一卡通等获取信息，以及通过综合运用先进的信息技术手段，大范围、大规模地采集作为对小学生进行评价的依据的相关行为表现，对学生德智体美劳等方面的行为表现进行动态追踪，为评价过程的有效性和评价结果呈现的准确性、及时性提供保障。

通过运用信息技术评价方法，利用电子终端设备对学生各方面行为表现信息进行收集与整理。一方面，借助电子信息技术，可以实现对数据的全面系统的整合与分析，这不仅能为数据结果的可靠性提供保障，还能大大节省人力、物力、财力等资源，减轻教育工作者的工作量；另一方面，借助现代观测技术和设备，可以规避内外因素对人物评价带来的干扰，切实提升评价结果的真实性。

随着大数据时代的来临，智能化教育评价手段随之出现并被广泛应用，其也为小学生"五育"并举之"七尚"综合评价工作的开展提供了诸多便捷性。对于教育评价系统研发者来说，其应当不断改进与优化小学生综合素质评价系统，并根据"七尚"相关评价指标体系，结合小学生综合素质评价量表，立足于小学生各方面发展需要，设计与开发小学生综合素质多维评价系统。首先，系统要满足学生从一年级入学到六年级毕业整个学习生涯的德智体美劳发展一体化需求，还要能机动地拓展修改评价内容项目、更新评价指标等。其次，系统应能够实现对学生评价信息的实时输入，保证评价维度的灵活性，还要能够突破时间与空间的制约，为教师、学生、家长、管理人员等提供实时查询和管

理的服务。最后，依据评估内容，为可独立操作的多维评价主体打造形成性评价，对学生展开教育性的评价，使学生能够随时随地查询、反馈过程性评价结果，切实提升评价结果的信效度。

第四节　评价的实施与结果呈现

一、小学生"五育"并举之"七尚"综合评价体系实施的影响因素

小学生"五育"并举之"七尚"综合评价体系的实施主要受三大因素的影响，分别为观念因素、主体因素和理论因素，如图 3-2 所示。

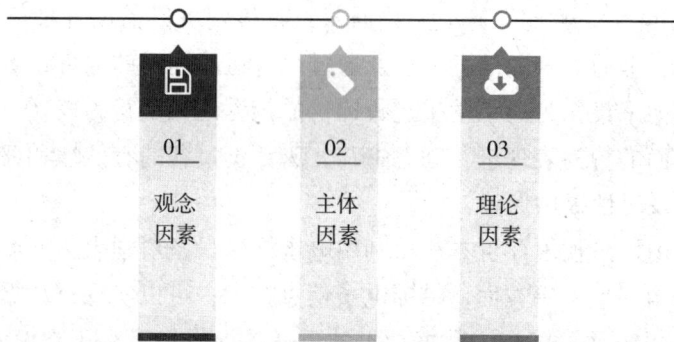

图 3-2　小学生"五育"并举之"七尚"综合评价体系实施的影响因素

（一）观念因素

评价的价值观指的是人们对小学生"五育"并举工作和创新能力培养重要性的了解，它并非条条框框的规定，也不是大肆宣扬的口号，其对人们的影响既能是有形的也能是无形的，具有实际性、观念性的特点。评价的价值观表达了人们对小学生思想品德、知识与能力、身体素质、审美水平、劳动技术、特长发展水平"该如何评价""怎样评价更好"等问题的深刻思考。评价观念决定着教育评价体系的实施方向，德国教育思想家雅斯贝尔斯曾表示，如果教育工作缺乏统一的观念，即使每年出版数不胜数的关于教学技巧等方面的书籍，每位教师都全心全意投身于教育事业中，也会因为观念的缺乏带给人一种无

力感。[1] 由此可见观念的重要性。教育评价的目的主要在于及时反馈各种教育教学活动中教师和学生传递的重要信息，评价的意义主要体现在更加高效地实现教育目标，充分调动教师与学生主动发展的积极性，一方面全面改善教育的效果，另一方面促进教师与学生的共同发展。因此，在日常评价工作中，教师要及时反思、坚决抵制不正确的评价观念，如忽视学生个体差异、忽略学生情感态度、不关心学生的进步幅度等。在执行评价标准的过程中，教师不仅要重视评价对象各方面的实际情况，还要注重在统一评价基础上采用多元化评价方法，以帮助学生实现全面健康发展。

（二）主体因素

从一定程度上讲，过于单一的评价主体会影响评价作用的发挥。在小学生"五育"并举之"七尚"综合评价工作中，评价主体涉及教师、学生、同学、学生家长等人，不同评价主体在评价过程中的出发角度的不同，对学生在各方面的发展所起的作用也各有差异。教育评价工作如同一面折射镜，我们通过对教师评价方式的了解，能够基本掌握学校对学生各方面提出的要求。通过对家长评价内容的了解，能让我们大概知道一个家庭对学生综合素养的期待。家长作为必不可少的评价主体，可以为学校提供平时无法获得的宝贵信息。学生自评可以有效锻炼学生的自省能力，让学生评估自己并分析自己的学习方式是否能够促进自身的发展。同学之间的互评也会产生不同的作用，首先学生需要充分了解评价同学的目的、内容、方法和标准等，这有助于学生提升自我能力；其次，学生在评价他人的过程中也会反省自身的行为，有则改之，无则加勉。因此，主体因素对小学生"五育"并举之"七尚"综合评价体系的实施具有重要影响，教师要协调好不同主体因素的关系，充分发挥多元主体因素的积极作用。

（三）理论因素

教育是一个受到社会广泛关注的大问题，而教育评价是教育中必不可少的重要内容，所以理应有一个评价标准，即供人们参考的评价理论。一般情况下，小学生"五育"并举之"七尚"综合评价内容涉及情感、态度、价值观、知识、能力、健康等方面。其中，在健康方面，学生需要达到的标准有量化的

---

[1]　雅斯贝尔斯.什么是教育[M].邹进,译.北京:生活·读书·新知三联书店,1991:139-149.

数据进行评判；知识与能力也能通过对结果进行量化分析，并利用量化数据对学生的健康水平进行评判；而情感、态度、价值观是教师常说的"隐形指标"，这些指标难以进行定义，如果将教师评价作为单一方式进行评价，很可能会使这些隐形指标出现偏差，无法保证评价结果的公正性和公平性。因此，还没有针对性评价理论可以有效指导这些指标的评价。根据"教学有法，但无定法"这一理念衍生出"评价有法，但无定法"，首先必须要有"法"，然后我们才能对"法"进行灵活变通使用，对学生进行全方位评价，为学生全面发展提供实质性帮助。

二、小学生"五育"并举之"七尚"综合评价体系实施的评价理念

即教育评价的主要意图并非为了证明、甄别、遴选，而是为了改进、优化与发展，指向的是每一位学生的健康成长、全面发展。因而，小学生"五育"并举之"七尚"综合评价体系的实施应该摒弃传统落后的理念，充分发挥评价的教育和改进作用，致力于学生的全面发展。需要注意的是，这里提到的"发展"的内涵有两方面：一方面是学生综合素质、综合能力的发展；另一方面是学生个性的自由发展，即挖掘优秀个性并通过多样化的方式实施个性品质的培育。

小学生"五育"并举之"七尚"综合评价体系的实施，要求学校牢固树立正确的教育发展观，始终贯彻发展性评价理念，从本校实际情况和学生年龄特点出发，以学生全面发展为根本目标，有目的地设计和组织一系列评价活动，通过科学选择和使用评价内容、主题、方式、结果等，以评价信息为依据，对学生成长过程与经历展开全面分析，深层次挖掘学生的志趣、特长、优点与潜能，并充分尊重、关心与呵护学生，培养学生优秀的个性品质。具体来说，学校要始终坚持科学的学生评价观的引导，设计并实施与学生兴趣、需求相符的各种实践活动，在分析评价信息的基础上了解学生的内在需求和情感需要，为学生超越自我、成就自我提供实质性帮助。另外，学校还要经常组织学生参加社团活动、志愿服务活动、文艺活动等多样化实践活动，并充分调动学生参与评价过程的积极性，使学生在参与实践活动的过程中懂得学习以及掌握更多有用的技能。简单来说，小学生"五育"并举之"七尚"综合评价体系的实施要以科学评价理念为风向标，激发评价的潜在作用，使评价真正成为学生全面发展的"助推器"。

三、小学生"五育"并举之"七尚"综合评价体系实施的要求

为了保证评价的准确性、真实性,小学生"五育"并举之"七尚"综合评价体系需要按照一定的要求实施,如图 3-3 所示,具体内容如下。

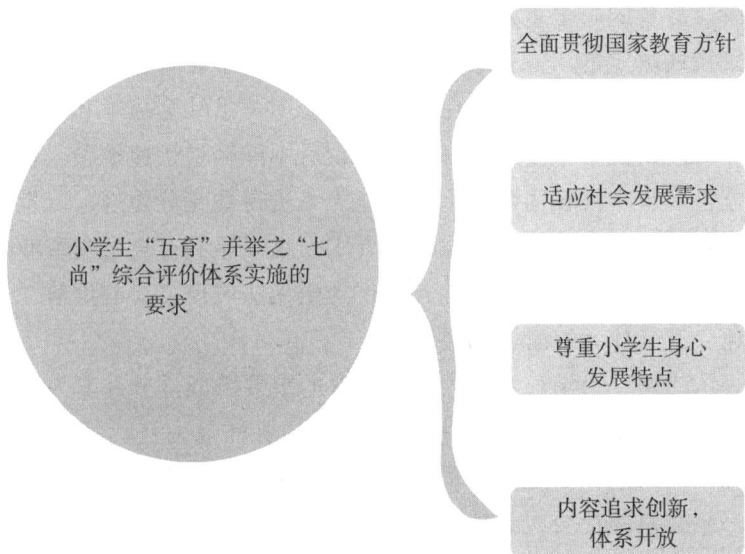

图 3-3 小学生"五育"并举之"七尚"综合评价体系实施的要求

(一)全面贯彻国家教育方针

2019 年,中共中央 国务院印发《关于深化教育教学改革全面提高义务教育质量的意见》,强调教育要坚持以习近平新时代中国特色社会主义思想为指导,全面贯彻党的教育方针,落实立德树人根本任务,遵循教育规律,强化教师队伍基础作用,围绕凝聚人心、完善人格、开发人力、培育人才、造福人民的工作目标,发展素质教育,培养德智体美劳全面发展的社会主义建设者和接班人。国家对小学生德智体美劳五方面的全面发展及相关评价的重视程度可见一斑。因而,在小学生"五育"并举之"七尚"综合评价体系实施过程中,对评价指标的设计应该以党和国家的教育方针为依据,进而全方位、多角度考核受教育者的品格、底蕴、学力、旨趣、身心、行动、视野,使受教育者意识到全面发展的重要性,同时,使其协调好科学文化修养和思想道德修养之间的关系,在努力学好书本知识的同时积极投身各种社会实践,在自身价值的追求过程中懂得服务祖国人民,使树立远大理想与艰苦奋斗相统一,造就具备"尚善

的品格、尚博的底蕴、尚进的学力、尚美的旨趣、尚强的身心、尚实的行动、尚畅的视野"的"七尚"学生。

（二）适应社会发展需求

小学阶段教育的一个重要目标是培养小学生的社会责任感，这是由教育使命和时代发展所决定的。人才培养和社会服务是小学教育的两个重要任务，小学教育的成败，很大程度上取决于其能否培养出满足社会需求和时代发展要求的优秀人才。现阶段，很多学生在离开学校后不能轻松快速地融入社会，这与他们的独立性、自主性较为薄弱，创新能力无法得到充分体现，以及他们在能力素质方面很难满足时代进步与发展的要求，难以达到社会主义事业建设者和接班人的标准有很大关系。基于此，不仅学生无法展现自身的价值，学校教育质量也难免会遭受社会的诸多质疑。

不可否认的是，小学教育作为义务教育的重要组成部分并非为社会就业而存在，小学生的真正价值也不能将个人工作的胜任能力作为衡量标准。但是小学生是国家的未来和希望、中华民族伟大复兴的时代新人，其必须要适应社会，学做一个合格的社会人。社会处于不断变化的状态，而小学教育作为学生发展的基础关键期，因此针对小学生的"五育"并举之"七尚"综合评价体系也应该适应社会发展变化的要求，依据社会发展形势设计评价的标准。

目前，用人单位在选择人才的时候，会基于工作性质、岗位综合考虑，不仅关注应聘者的学习成绩，更对应聘者多方面的素质能力有针对性、有选择性地提出了严格要求，包括创新意识、合作精神、进取心、逻辑思维能力、政治素质、交际能力、动手能力和计算机水平等方面。虽然不同工作岗位对学生素质能力的要求千差万别，但是以求同存异为原则，通过反复比较和分析可以找出普遍性、关键性的要求，将其融入小学生"五育"并举之"七尚"综合评价体系指标中，便显得尤为重要。当然，评价体系的实施还要坚持小学教育的理想和追求，以促进小学生健康快乐成长为导向，否则将会无形中转变为短视的能力测评和素质测评。换句话说，评价体系的实施应该立足于长远视角，在不偏离教育理想与追求的基础上设计与社会发展需求相符的评价指标体系。

（三）尊重小学生身心发展特点

小学阶段是学生身心发展、健康成长的关键时期，其身心发展特点对教育教学的影响不容小觑。在人才培养的过程中，我们应该遵循教育教学规律，尊重小学生身心发展特点，使学生生动活泼、积极主动地得到全面发展。小学生正处于人生懵懂期，其心理将由幼稚逐渐走向成熟，情感和情绪日益丰富，思想比较活跃但比较容易受外界影响。这一时期的小学生有着较强的可塑性，而我们能否抓住时机因势利导，充分调动和发挥小学生身心发展中的积极因素，对小学生"五育"并举之"七尚"综合评价体系的可持续性实施有重要的影响。

小学生"五育"并举之"七尚"综合评价体系的实施，应该从教育管理实际情况出发，充分尊重学生生理、心理的发展特点，最大限度地减少或避免使用空洞的指标，确保每一项评价指标都能"看得见，摸得着"，使之具有较高的合理性、可操作性。在评价过程中，应该多用生动、灵活、多样化的测评方式，尽可能减少或避免使用枯燥、呆板的测评方式。比如，对评价语言的应用应该生动形象、有激励性，具有一定的说服力、吸引力、影响力，与时俱进，并充分体现小学生的主体性。

（四）内容追求创新，体系开放

小学生"五育"并举之"七尚"综合评价体系突出强调了创新素质这一元素，由于创新素质的养成具有过程性特点，所以我们在评价实施的过程中，应该从始至终以社会主义核心价值体系为引领，着重强调每个评价指标中的创新因素，使整个测评工作充分体现开放精神。比如，在思想品德评价方面，要着重强调对学生创新意识、创新精神的评价，在兼顾一般的同时，包容学生的个性特征；在知识与能力的评价中，要着重强调对学生创新办法、创新精神等方面的评价，鼓励学生勇于尝试。通过不断丰富评价内容中的创新元素，建立起评价内容与全面发展之间的关系，使评价内容成为教学和管理工作高质量开展的有力支撑，成为学生创新能力与素质养成的外驱力。

小学生"五育"并举之"七尚"综合评价体系的有效实施，在设计过程中要充分体现开放性特征，在结构、使用权限两方面都要保持开放性。一方面，虽然现实世界中没有完美无缺的评价体系，但我们不能因此放弃对完美的追求。小学生"五育"并举之"七尚"综合评价体系是小学生评价中的重要体系标准，其对评价主体和评价对象具有非常重要的影响，所以有必要对其进行持续不断地完善。也就是说，这一评价体系的构建与实施需要以严整为基础，适当留下一定的空间供后期进行更新，以便更好地迎合时代发展、环境改变等客观因素变化的要求。另一方面，小学生作为评价对象，其自身情况也处于不断变化的状态，这就需要评价体系动态跟踪评价对象品格、学力、底蕴、身心、艺术兴趣、行动、视野等方面的发展状况，并立体化、具体化描述与分析他们的发展态势，为学生今后的发展提供准确性、针对性的规划指导。同时，小学生在评价中拥有多重身份，不仅是评价对象，还能作为评价主体对自己或同学进行评价，这就要求评价体系的使用权限保持开放性，不仅要保证评价的公开透明，还要确保可以实现学生的自主测评，充分发挥学生的主动性、自主性，尊重学生的创造性，重视学生的体验感受，这对评价体系的进一步优化与完善具有积极的影响。

总之，小学生"五育"并举之"七尚"综合评价体系实施质量的高低、效果的优劣，关键在于这个评价体系是否有助于提升全体学生的综合素质，是否有助于促进学生品格、学力、底蕴、身心、艺术兴趣、行动、视野等方面的均衡发展，是否有助于促进学生健康个性的形成。这不仅是衡量这一评价效果、质量的重要准则，还是落实小学生"五育"并举之"七尚"综合评价体系功能的核心点，还是实现小学教育"转轨"、提升整个中华民族综合素质的出发点和落脚点。

四、小学生"五育"并举之"七尚"综合评价体系实施的具体步骤

（一）评价方案的制定与相关资料的准备

对小学生品格、学力、底蕴、身心、艺术兴趣、行动、视野等方面状况的测评，不仅要对学生品德、智力、审美等方面的发展水平状态作出度量和评价，还要对"七尚"目标理想化状态与实际状态作出对比测度，同时对"七尚"活动效果和质量作出检查和总结。这样做的主要目的在于充分尊重与体现人类活动的主观能动性。在小学生"五育"并举之"七尚"综合评价体系实施之前，首先要制定详细、具体、全面的实施方案，而实施方案的制定又要基于对小学生"五育"并举之"七尚"综合评价目的的充分把握，真实客观地把握小学生当下品格、学力、底蕴、身心、艺术兴趣、行动、视野等方面的发展水平和现状，测评教育的实效性，进而有针对性地加强和优化五育教育工作，促进全体小学生的全面发展。方案制定完以后，学校还需要制定与之对应的工作指导文件和文字规定，并在印制完成之后第一时间发放到相关人员手中。另外，学校还要设计和印制各种问卷和调查表格。

（二）严谨的组织准备

组织准备环节涉及内容较多，包括确定评价活动的主要组织者，组建专门的领导机构和若干个评价小组，明确、细化评价工作的有关组织纪律，开展与评价工作相关知识的学习和培训等。同时，按照评价对象、评价目的、评价内容的不同，我们应组建不同的组织机构领导，有步骤、有计划地实施教育评价工作。

以严谨的组织为基础实施评价体系，可以有效采集与记录每位小学生在校期间生活和学习中有代表性、有特别意义的内容，这能充分反映小学生的成长轨迹和发展状况，以方便教师更好地帮助小学生在原有基础上得到个性、全面的发展。通过成立若干个评价小组，密切关注每位小学生的发展起点，将以往的群体间横向评价转变为个体的纵向发展，并制定全面的评价指标，可以保证每位小学生能在评价体系中找到自己的发展点，为他们客观地看待自身发展提供重要的依据和参考，增强小学生对自身的认知。

作为小学生"五育"并举之"七尚"综合评价的有力保障，学校应该成立"五育"并举之"七尚"综合评价委员会，其主要职责包括以下五点：第一，制定"五育"并举之"七尚"综合评价工作的规章制度，指导各个年级、各个班级相关评价工作的开展；第二，全方位、全过程监督学校"五育"并举之"七尚"综合评价工作的过程；第三，接受来自各个方面的监督、质疑和质询，并制定多样化的投诉方式和处理办法；第四，组织班主任、任课教师及其他参评人员参与培训，做好相关宣传工作；第五，第一时间调查与处理评价工作中出现的违规行为。评价委员会成员涵盖多个部门，主要有教务处、德育处、少工委、家委会等，以便更加顺畅地对接"七尚"学生培养、测评和学校各职能部门。具体来说，德育处主要承担着评价小学生日常各方面素质和能力，以及在评先评优工作中着重培养小学生的身心健康的任务；教务处主要承担着制定与完善小学生学习成绩考核规范和相关管理制度，并针对促进学生全面发展提出具体、可操作的举措的任务；少工委主要承担着培养和测评小学生创新能力，以及全力提升学生的能力素质的任务。学校各个年级成立年级评价工作小组，其主要职责包括以下三点：第一，贯彻落实学校制定的评价方案和具体细则，完成精细化、明确化的评价程序；第二，监督整个评价工作的实施，及时处理与解决评价过程中出现的大大小小的问题，并审核认定评价结果；第三，接受来自各方面的咨询、举报与投诉，第一时间核实并纠正评价过程中出现的错误。

（三）建立精细化的小学生个人成长记录档案

我们应通过电子档案与纸质档案相结合的方式，根据评价方案的要求，有步骤、有节奏地推进小学生"五育"并举之"七尚"综合评价工作。以"小学生个人成长记录档案"为手段有效收录和存储评价信息。小学生个人成长记录档案的创建是一个突出全面性、发展性、科学性、过程性的工作，所以学校必须要高度重视小学生个人成长记录档案，并认真、严谨地设计相关的内容和形式，保证评价内容的全面性。学校要做到"一生一档"，为每位小学生创建专门的个人成长记录档案，具体、清晰、详尽地呈现学生的成长发展情况。学生、教师、家长等作为档案记录的主要执行者，在记录过程中要始终坚持实事求是原则，保证档案记录的真实性、客观性。小学生个人成长记录档案内容主要包括以下五方面内容：第一，学生的基本信息；第二，学生思想道德品德素养情况；第三，有关学生学习过程和结果的资料，包括学生作品、自我评价、文艺活动记录、体育活动记录、社会公益活动记录、社会实践活动记录等信息，以及同学评价、家长评价、班主任评价和教师评价等；第四，学生身体发育水平和健康状况；第五，学生各个学科期中、期末考试成绩。学校要做好学生每个学期的成长记录，采集、整理、保存各种原始资料，如学生的创新成果、手工艺品、荣誉证书、各种评价表等。具体来说，学校可以向德育处获取学生的违纪材料和数据，向教务处获取学生每个学期的成绩统计表，向校办事处获取学生在各个领域的获奖情况简报。这样一来，就可以保证评价有所依据、证据充分。

（四）做好专业培训和广泛宣传

为了全力保障小学生"五育"并举之"七尚"综合评价体系的实施，首先，学校要通过多样化的形式加强宣传力度，创造良好的评价氛围。比如，学校可以组织评价工作的相关人员认真、深入学习评价方案；通过教师大会、党、团支部大会等渠道加强宣传动员；通过主题班会、学生动员大会等方式为学生宣传评价的重要性；通过信息技术手段拓展宣传范围；等等。

其次，学校制定好小学生"五育"并举之"七尚"综合评价实施方案之后，要以培训为切入点，始终遵循"不培训不参与"的原则，为评价工作的质量提供保障。具体来讲，学校要面向教务处、各年级、德育处、少工委等相关部门，开启"线上＋线下"培训新模式，强化培训力度，使评价工作相关人员进一步明确评价的要求、原则、程序、过程、纪律、方法。这样一来，就能从整体上提升评价工作相关人员的职业道德水平和综合评价能力，为评价结果的可信度、科学性、权威性提供有力保障。

最后，为了保证小学生"五育"并举之"七尚"综合评价体系客观公正地实施，学校需要从以下五方面入手做好充足的准备工作。

第一，建立研训一体化制度。学校各级教研部门需要全面、深入地了解与掌握相关评价工作的信息，力争第一时间发现典型、总结经验，要不断强化对小学生"五育"并举之"七尚"综合评价工作的研究，并以此为基础，及时发现并指导学生妥善地处理评价中遇到的各种问题，以不断优化与调整小学生"五育"并举之"七尚"综合评价实施方案。学校各个年级要采取可行性、可操作性的措施，确保每位参与评价工作的人员都可以得到有效的训练，并充分认识、准确把握评价的内容、原则、方法等，统一评价的尺度和标准，切实提升相关人员的职业道德水平和综合评价能力，构建"学习—研究—实践"为一体的培训模式。学校各个年级要利用好社区、学校、网络三个宣传阵地，发挥其对评价工作的积极作用，多措并举扩大宣传力度，主导宣传的方向，引导学生、社会、家长更深刻地认识评价工作的重要意义、方法等。

第二，建立公示制度。在评价工作开展过程中，学校应该统一公示评价的内容、方法、结果、评价工作领导小组名单、各年级评价小组名单等信息，为评价体系的建设奠定基础。另外，学校要及时将评价结果告知学生及其家长，如有异议，学校评价工作领导小组要第一时间展开调查处理。

第三，建立举报和申诉制度。针对小学生"五育"并举之"七尚"综合评价工作，学校应开设专门的投诉路径，并安排专人负责。教师、学生、学生家长等人如果对评价工作的公正性存在质疑，则可以通过学校公布的投诉途径进行举报。学校评价领导机构要及时调查举报内容，并作出恰当的处理和满意的答复，同时分类整理举报内容、调查过程和处理结果。

第四，建立诚信制度。为了消除评价工作中的弄虚作假现象，学校可以对包括学生在内的参与评价的人员建立信用记录，并将其作为学校年终评估的重要参考依据。参与评价的人员如果存在弄虚作假的行为，不仅会失掉评价资格，还会影响自己的职务晋升、评优评先，情节严重的坚决查处，并追究相应责任。

第五，建立评价质量监控与完善机制。在评价工作实施过程中，学校评价委员会需要全方位监控评价工作的质量，全面了解相关信息，第一时间解决相关问题。学校评价委员会还需要不定期抽查各个班级的评价工作，进一步核查评价结果的客观性、真实性。学校评价领导小组也应该及时检查各个年级评价工作的开展情况，保证评价工作的有序推进。

五、小学生"五育"并举之"七尚"综合评价结果的呈现与使用

（一）小学生"五育"并举之"七尚"综合评价结果的呈现

小学生"五育"并举之"七尚"综合评价结果的呈现与使用，不仅是影响评价功能效果发挥的直接因素，还是影响学生自我认知水平（包括学生对自身表现、与他人的差距、下阶段的努力方向等）的决定因素。因此，小学生"五育"并举之"七尚"综合评价需要运用多种方式呈现评价结果，并根据评价内容的不同，采取不同的处理方式。具体来说，针对智育中有关基础知识的评价结果，为了保证评价的效率和覆盖面，可以选择等级、分数等形式进行呈现。针对不容易被量化的评价结果，如学生思想道德素养、实践能力等的评价，在分析处理中可以选择"学时＋等第＋评语"等呈现方式，即分数、等级等量化形式的呈现方式主要适用于涉及第一课堂的评价内容，"学时＋等第＋评语"等呈现方式主要适用于涉及第二课堂的评价内容。在"五育"并举之"七尚"综合评价中，德育、智育、体育、美育的评价结果主要通过第一课堂理论学习进行呈现，也能辅以第二课堂的课外实践活动得到进一步锻炼与提升，劳动教育的评价结果则主要通过第二课堂的活动进行集中呈现，但也可以将第一课堂作为基础对理论知识进行学习。

简言之，小学生"五育"并举之"七尚"综合评价应该根据评价内容选择恰当的结果呈现方式，并通过灵活组合应用等级、分数、写实性评语等多种方式，清晰、直观地呈现小学生"五育"并举之"七尚"综合评价的结果。

（二）小学生"五育"并举之"七尚"综合评价结果的使用

小学生"五育"并举之"七尚"综合评价结果兼具学校内部使用与外部使用两种目的。第一，评价结果可以为学校检验自身办学水平提供可靠依据，同时为学校更高效地管理学生提供参考。即学校通过科学分析评价结果，能够全面掌握学生整体发展情况，有效地检验学校教育教学水平和学生管理工作的效果，最终服务育人质量的提升。相比于传统学生评价体系，小学生"五育"并

举之"七尚"综合评价体系更加全面和科学,其大大提升了评价结果的说服力、影响力,能够适用于学校各类评优评先等活动中。第二,教师在检验日常教学和班级管理中,可以将评价结果作为一项重要的参考依据,积极有效地引导学生健康快乐成长。具体来说,根据日常性学习评价结果,教师可以有目的性、有针对性地调整自己的教学方法,以便引导学生积极健康成长。教师也能通过分析评价结果,及时发现学生现存和潜在的问题,并为学生提供及时的帮助和指导,调动学生学习的主动性、积极性,为学生全面发展奠定基础。第三,学生可以根据评价结果更好地认识自己,正确地进行自我定位,找准自己与他人存在的差距,养成自我反思的习惯,及时改正自身存在的问题,加强自我教育,以实现自我发展。第四,学生家长可以通过评价结果全面认识自己的孩子,了解孩子的优势与不足,掌握孩子在学校的思想和行为动态,并利用家庭教育的优势补齐孩子的短板,帮助学生全面发展。

总之,为了从整体上提升评价材料的利用率,充分发挥评价的育人功能,各个评价主体必须要加强对评价结果的应用,并及时作出具体的反馈和合理的建议。同时利用先进的技术软件采集、整理、分析学生的成长信息,掌握学生的潜能、特长、兴趣、成长脉络等,为日后学生各方面的发展提供可靠信息。

第四章　小学生"五育"并举之评价指标体系的构建

第一节　小学生品德发展水平评价指标

小学阶段是学生品德发展的重要阶段，这一阶段不仅是道德教育的黄金时期，还是教育难度比较大的阶段。通常来讲，正在小学读书的学生统称为小学生，此阶段是他们人生中非常重要的启蒙阶段，且小学道德教育的成功与否对小学生的后续学习有着十分深远的影响，甚至影响小学生的终身发展。2013年，习近平在山东考察时强调："国无德不兴，人无德不立。"因此，在建设教育强国的今天，建立科学的指标体系，对小学生品德发展水平进行客观评价，促使学生形成正确的价值观念和思想品德刻不容缓。

一、小学生品德发展水平评价指标确定的原则

小学生品德发展水平评价指标的确定，需要遵循方向性、独立性原则，以保证评价指标的科学性。

（一）方向性原则

方向性原则指的是评价指标的确定始终与党的教育方针中关于德育目标的规定保持一致，并符合新时代小学生道德教育的根本要求。品德属于社会意识范畴，是一定经济关系的反映，是一种特殊现象，它在阶级社会中体现为一定阶级利益的反映，这也就赋予了品德鲜明的阶级性。随着新时代的来临，各级各类小学必须将立德树人作为根本任务，大力培养中国特色社会主义建设者和接班人，为党育人、为国育才。这一教育目标的确立取决于我国社会主义性质的办学方向，为了实现这一根本目标，我们必须要决心坚定、旗帜鲜明、把牢正确方向。因此，小学生品德发展水平评价指标的确定不仅不能偏离这个根本方向，还必须首先坚持这一根本原则。

坚持方向性原则，要求学校在确定小学生品德发展水平评价指标时，始终坚持以习近平新时代中国特色社会主义思想为指导，深层次、全方位贯彻落实党的教育方针和国家教育政策。学校要引导学生树立社会主义和共产主义理想信念，从小养成为人民服务的意识，积极主动践行社会主义核心价值观，脚踏实地锤炼品德，成为有大爱大德大情怀的时代新人，成为有根的人。

（二）独立性原则

独立性原则指的是在评价指标体系中，相同层级的评价指标一定是具有相对独立性的，彼此之间存在着并列关系，并非相互矛盾、相互交叉、互为因果的关系。各级各类评价指标按照一定的逻辑结构，通过有条理地排列组合共同构成评价指标体系，这是一个有层次性的有机整体，所以不同指标之间必然存在着十分密切的关系。但是，如果同一层级的评价指标存在着因果关系、相互交叉关系，则说明部分指标存在重复的情况，或者是有遗漏问题。重复的指标不仅对评价指标体系毫无意义，还会因为重复计分增加该项指标的权重，无形之中为评价工作的开展带来负担，影响评价工作的实效性和有效性。如果有些指标被遗漏，就无法保证评价结果的准确性，这也会间接影响整个评价工作的科学性。而且，在同一层级中，如果不同评价指标之间存在交叉或因果关系，就很可能令参与评价工作的人员感到无所适从，导致其思想上出现混乱。因此，评价指标的确定必须坚持独立性原则，为评价结果的公平性和公正性提供保障。

由于小学生品德发展水平会受诸多因素的影响，再加之小学生的品德在现实生活中的表现具有多样性，所以在选择和确定相关评价指标时要保证同一层级的每个评价指标都完全独立有相当大的难度。因此，为了坚持独立性原则，保证评价结果的相对公平、公正，只能尽量保证不同层级指标的"相对独立"。

二、小学生品德发展水平评价指标确定的依据

评价指标的确定是对人主观意愿的充分体现，但它并不是人凭空想象的产物，而是具备充分的客观依据，且它实际上是对社会存在的能动反映。正如马克思所阐述的那样，观念的东西其实就是进入人脑并在人脑中经过一系列改造而成的物质的东西。[①] 因此，小学生品德发展水平评价指标的确定需要依据小学德育目标和相关教育政策法规，充分体现社会的价值要求，遵循小学品德结构规律，迎合小学生品德发展的需要，如图4-1所示。

---

① 马克思恩格斯选集：第1卷[M].北京：人民出版社，1995：108-110.

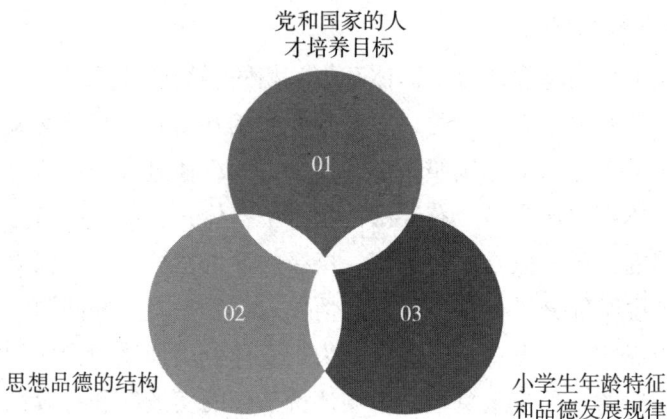

图 4-1 小学生品德发展水平评价指标确定的依据

（一）党和国家的人才培养目标

2022 年全国教育工作会议召开并强调，要加快教育高质量发展，培养德智体美劳全面发展的社会主义建设者和接班人。教育的主要目的是为社会发展培育优秀可靠的人才，所以，小学生品德发展水平评价指标的确定要坚持社会而非个人标准。只有保证学生道德品质与国家和社会的价值要求相符，与党和国家人才培养目标保持一致，才可以真正实现其自身的社会价值，最终赢得来自社会的肯定性评价。党和国家人才培养目标作为小学生道德发展水平评价指标的主要依据，主要体现在以下两方面。

一方面，国家出台的相关政策、法令和文件。从公民角度出发，我国陆续颁布的诸多政策、法令对新时期公民道德发展提出了具体的要求。比如，2016 年颁布的《中华人民共和国国民经济和社会发展第十三个五年规划纲要（2016—2020 年）》、2018 年修正颁布的《中华人民共和国宪法》、2019 年印发的《新时代公民道德建设实施纲要》等为小学生品德发展水平评价指标的确立提供了根本依据。

另一方面，现行的教育政策法规和文件。从学校角度出发，我国先后颁布了一系列教育政策和法令，对小学生品德发展提出了具体要求。比如，2019 年颁布的《中国教育现代化 2035》、2019 年颁布的《新时代爱国主义教育实施纲要》、2020 年的《中共中央 国务院关于全面加强新时代大中小学劳动教育的意见》等为小学生品德发展水平评价指标的确立提供了直接依据。

（二）思想品德结构

小学生品德发展水平评价指标体系并非由不同评价指标随意拼凑到一起而形成的，而是具有一定的逻辑结构依据，即人的思想品德结构。思想品德结构理论深刻揭示了人的思想品德的结构是多维度、多层次的统一体，它并不是单一的维度，而是由思想、心理、行为及其要素等子结构相联结形成的。思想、心理、行为是三个相对独立又相互促进的子系统，三者共同构成一个人思想品德的全貌。其中，思想子系统的基本要素主要包括政治观、道德观、人生观、世界观等；心理子系统的基本要素主要包括心理过程的认知、信念、意志、情感等；行为作为人思想品德重要的客观内容，其往往可以反映一个人思想品德全貌。

通常情况下，人的思想品德的发展是按照一定的顺序，即心理—思想—行为，由简单过渡到复杂、由低级过渡到高级、由不成熟过渡到成熟的。因此，小学生品德发展水平评价指标的确定，如果单纯地强调某方面或某要素，是无法客观反映学生思想品德的全貌的，这就需要充分考虑学生思想品德构成要素之间存在的关系，以思想品德结构规律的逻辑序列为依据，对评价指标进行合理的组合，全面提升指标体系的全面性、具体化。

（三）小学生年龄特征和品德发展规律

小学生品德的发展会受到内部因素和外界因素的影响，即除了会受到学生个体认知水平和生理机能等内部因素的制约，还会受到社会发展规律和经济关系等外界因素的影响。随着小学生年龄的逐渐递增，其品德发展呈现阶段性渐进的现象并表现出很多个性特征行为。一方面，学生在不同年龄阶段所具备的心理特征的不同，使其品德发展出现了不同层次的要求。另一方面，不同学生之间的品德发展或多或少存在差异。品德作为一种个体现象，由于每个学生所处的时空存在差异，所以品德形成的过程也有所不同。即便是处于相同社会条件下的同龄学生，他们的品德发展也会表现出不同程度的个别差异。因此，小学生品德发展水平评价指标的确定，必须尊重不同年龄阶段学生的身心特点、认知水平，满足不同层次的品德要求，全面提高评价指标体系的可接受性。

通常来说，学生的品德发展主要包括五方面的能力，分别为判断能力、认知能力、选择能力、分析能力和践行能力。如今的小学生价值取向趋于多元化发展，部分学生的价值判断存在以"自我"为核心的倾向，有着较强的自我意识，追求实现个性化价值。基于此，我们在确定小学生品德发展水平评价指标时，应该侧重于对小学生思想品德判断能力、选择能力和分析能力的评价，以更好地满足学生品德发展的多样化需要，促进评价指标体系的人性化发展。

三、小学生品德发展水平评价指标的内容

根据小学道德教育目标，结合小学生品德发展要求确定的小学生品德发展水平评价指标，我们初步确定了小学生品德发展水平评价指标的具体内容，共涉及思想素质、道德素质、政治素质、心理素质和法律素质五个方面，如表4-1所示。

表4-1　小学生品德发展水平评价指标的内容

一级指标	二级指标	指标观测点
思想素质	思想认知	①生命健康意识；②集体主义意识；③人类命运共同体意识；④生态环境伦理意识
	思想情感	①对国家和社会的情感；②对党和人民的情感；③对家庭和集体的情感；④对生态环境的情感
	思想作风	①勤俭节约与艰苦奋斗精神；②批评与自我批评意识；③实事求是的观念；④服务意识与奉献精神；⑤清正廉洁的作风
	思想方法	①法治思维；②辩证思维；③互联网思维
道德素质	道德认知	①生态文明意识；②社会公德意识；③对自身道德水平的感知与评判；④自身道德意愿；⑤正确的义利观
	道德情感	①自尊感；②责任感；③自豪感；④荣誉感；⑤正义感
	道德信仰	①对中华民族传统美德的崇尚；②对共产主义道德理想的尊崇；③对社会主义道德核心的坚守；④对集体主义道德原则的笃信
	道德行为	①爱国奉献；②孝亲敬长；③诚实守信；④文明守纪；⑤参与志愿服务活动；⑥遵守网络道德规范

续　表

一级指标	二级指标	指标观测点
政治素质	政治认知	①对我国基本国情和社会主要矛盾的认识；②对我国政治制度的认识；③对党的基本理论的认识；④对中华民族共同体的认识
	政治情感	①民族归属感；②文化认同感；③政党认同感；④制度优越感；⑤国家荣誉感
	政治信仰	①对社会主义和共产主义的信念；②对中国共产党的信任；③对马克思主义的信仰；④对中国发展道路的信心
	政治参与	①积极建言献策；②积极响应党的号召
心理素质	自我意识	①自我感知能力；②自我定位能力；③自我评价能力；④自我价值实现能力
	心理健康	①智力正常；②人格健全；③心理行为与年龄特征相符；④行为与社会角色相一致；⑤人际关系和谐
	情绪性格	①心理调适能力；②情绪调控能力；③勇于砥砺前行；④保持积极向上的态度；⑤正确面对成功与失败
	意志品质	①积极进取的意志；②承受力和抗挫折能力；③社会适应能力；④团结协作精神
法律素质	法治观念	①对权利与义务关系的认识；②对全面依法治国理念的认同；③对法律面前人人平等原则的认识
	民主观念	①对人民当家作主的认识；②对民主集中制原则的认识；③正确行使民主权利
	法律行为	①遵守宪法法律，维护宪法法律权威；②依法行使权利和履行义务；③合理运用法律武器维护自身合法权益

下面详细介绍小学生品德发展水平评价指标的内容。

（一）思想素质

思想素质是小学生德育评价要素中最本质的因素，它指的是人们在社会生活中处理各种思想关系的行为习惯，是内心信念在实际言行的体现。在评价小学生思想素质时，可以从四个指标入手进行衡量，分别是思想认知、思想情感、思想作风、思想方法。

1.思想认知

在思想素质二级指标中，思想认知指的是学生对人与自然、人与社会、人与人之间的关系以及整个世界的认识的总和，可以通过学生对生命健康、个人和集体之间的关系、人类命运共同体、生态环境伦理的认识进行衡量。小学生正值价值观初步形成的重要时期，这一时期的价值观教育显得尤为重要。习近平在会见中国少年先锋队第七次全国代表大会全体代表时曾强调，世界上最难的事情，就是怎样做人、怎样做一个好人。要做一个好人，就要有品德、有知识、有责任，要坚持品德为先。要学会做人的准则，争当学习和实践社会主义核心价值观的小模范。

2.思想情感

思想情感指的是学生在一定的思想认知基础之上形成的对事物的喜爱之情。学生对待某一事物的态度，关系到学生对这一事物的感情。当学生对某一事物有喜爱之情时，就会持积极主动的态度并参与其中。由此可见，思想情感有着双重作用，既能调节学生的行为，又能促进学生思想认知向行动的方向转变。这一指标可以通过学生对国家和社会、党和人民、家庭和集体、生态环境的情感进行衡量。

3.思想作风

所谓思想作风，指的是学生在生活、学习和思想三个层面所持有的一贯态度和行为。思想作风不仅是学生思想素质的外在集中表现，还是评判学生思想素质水平高低的显著标准。对这一指标的衡量，主要可以从学生的勤俭节约与艰苦奋斗精神、批评与自我批评意识、实事求是的观念、服务意识与奉献精神、清正廉洁的作风五方面进行。

4.思想方法

思想方法反映了一个人的思想素质，它对一个人认识世界和改造世界的能力起着决定作用，它又被称为思维方式。作为新时代的少年，小学生应当用科学的思维方式武装自己，包括法治思维、辩证思维、互联网思维等，从而更好地应对和解决时代不断进步而出现的新问题，更好地肩负起时代赋予自己的责任与使命。

（二）道德素质

道德素质指的是人们基于道德规范的指引，在实际行动中表现出的修养和情操，它是对一个人道德水平和道德风貌的具体体现。对小学生道德素质的评价，可以用四个指标衡量，分别是道德认知、道德情感、道德信仰、道德行为。小学阶段是学生的道德意识初步形成的关键时期，学生在这一时期树立的道德观念和道德规范，对其一生的成长具有重要影响，这离不开教师和家长的正确引导和精心培养。2013年，习近平总书记在山东考察时强调，必须加强全社会的思想道德建设，激发人们形成善良的道德意愿、道德情感，培育正确的道德判断和道德责任，提高道德实践能力尤其是自觉践行能力，引导人们向往和追求讲道德、尊道德、守道德的生活，形成向上的力量、向善的力量。

1. 道德认知

在道德素质的二级指标中，道德认知指的是学生对道德范畴和道德准则的理解与认知，是学生对品德的认识。学生道德认知水平的高低，首先通过道德知识、道德评价和道德判断三方面体现出来。在道德知识方面，主要考查学生的生态文明意识、社会公德意识；在道德评价方面，主要考查学生对自身道德水平的感知与评判；在道德判断方面，主要考查学生的道德意愿、正确的义利观。

2. 道德情感

道德情感指的是学生基于一定的道德标准的指引，对实际生活中的道德关系、自己与他人所做道德行为产生的爱憎好恶等情绪态度。从哲学角度看，道德情感并不是盲目的，它存在着理性的一面，具有较强的意向性、目的性特征，在道德生活中发挥着重要作用。对学生道德情感的评价，主要以自尊感、责任感、自豪感、荣誉感、正义感为指标。

3. 道德信仰

道德信仰指的是学生真实无伪地信仰某种道德规范和道德原则。学生道德信仰的形成，是建立在道德义务的社会实践的基础之上的，其也是实现道德认知和道德情感相统一的前提。社会主义道德建设以为人民服务为核心，以集体主义为原则，这为人们道德品质的培养指明了方向，为社会文明程度的提升起了促进作用。共产主义道德以崇高的道德思想，引导人们要力争成为一个有理想、有本领、有担当的时代新人。另外，中华传统美德作为人类文明发展的重要精神财富，是中华优秀传统文化不可分割的一部分，其中蕴含着丰富、实用的思想道德资源，在21世纪的今天仍然具有鲜明的时代价值。习近平在全国脱贫攻坚总结表彰大会上强调："事实充分证明，社会主义核心价值观、中华优秀传统文化是凝聚人心、汇聚民力的强大力量。"继承和弘扬中华民族传统美德，对小学生锤炼品德行为、国家繁荣富强具有重要意义。因此，对小学生道德信仰的评价，可以主要以小学生对中华民族传统美德的崇尚、对共产主义道德理想的尊崇、对社会主义道德核心的坚守、对集体主义道德原则的笃信为指标。

4.道德行为

道德行为指的是基于现有道德认知、道德信念、道德情感的支配，学生做出的实际行动。2013年，习近平在山东考察时指出："必须加强全社会的思想道德建设，激发人们形成善良的道德意愿、道德情感，培育正确的道德判断和道德责任，提高道德实践能力尤其是自觉践行能力。"从新时代、新形势出发，爱国奉献、孝亲敬长、诚实守信、文明守纪、参与志愿服务活动、遵守网络道德规范，应当成为每一位小学生的自觉需要。

（三）政治素质

政治素质指的是人的综合素质的核心，指的是人们调节和处理各种政治关系所具备的行为习惯，是一定社会的政治理想、政治信念、政治态度转化为人们的内心信念，并通过语言和行为表现出来的内在品质。衡量一位小学生是否是一名综合素质过硬的有用之才，不仅要判断其身体素质、道德素质、文化素质的高低，还要甄别其政治素质的高低。对小学生政治素质的评价，可以主要以政治认知、政治情感、政治信仰和政治参与四个指标进行衡量，如图4-2所示。

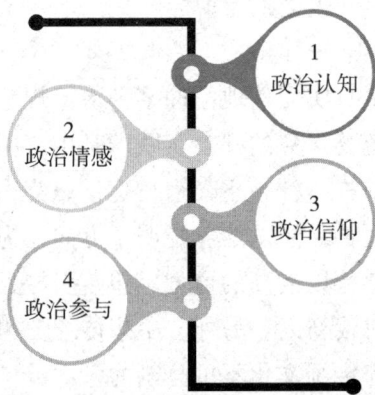

图4-2 小学生政治素质评价指标

1.政治认知

在政治素质的二级指标中,政治认知指的是小学生对各种真实存在的政治现象及其规律的理解、认识与把握。小学生是祖国未来的花朵、希望和建设者,他们的政治认知水平的高低不仅决定着其自身政治素质的提升,还与国家富强、民族复兴息息相关。小学生的政治认知主要体现在四方面。第一,小学生生对我国国情和社会主要矛盾的认识,即他们是否能深刻地认识到我国最大国情、最大实际是社会主义初级阶段;以及进入新时代之后,我国社会的主要矛盾是人民日益增长的美好生活需要和不平衡不充分的发展之间的矛盾。第二,小学生对我国政治制度的认识与了解,包括我国基本政治制度和根本政治制度等。第三,学生对党的基本理论的了解与掌握程度,主要包括马克思列宁主义、马克思主义中国化的理论成果等。第四,学生是否树立了中华民族共同体意识,是否充分认识到各民族的最高利益是维护祖国统一。

2.政治情感

政治情感指的是,学生在参与政治生活时对这一过程中出现的人物、事件、活动所持有的爱憎好恶等情绪态度,集中体现在国家与社会两个层面,突出表现为学生对祖国、共产党、社会主义的强烈热爱之情。在纪念五四运动100周年大会上的重要讲话中,习近平总书记明确指出:"当代中国,爱国主义的本质就是坚持爱国和爱党、爱社会主义高度统一。"这一观点进一步丰富了人们对以爱国主义为核心的五四精神的理解,是当代小学生爱国之情培养的"风向标"。在新时代,培养学生的民族归属感、文化认同感、政党认同感、制度优越感、国家荣誉感,对学生政治自觉性的提升起着促进作用,激励着广大小小少年从小开始投入伟大的中华民族复兴大业。

3.政治信仰

政治信仰指的是学生真正地认可某种政治体制或政治理念。[①]改革开放以来党的全部理论和实践的主题都围绕着中国特色社会主义展开,我们坚定的道路自信,就是毫不动摇走中国特色社会主义道路。中国共产党的最高理想和最终目标是实现共产主义,而共产主义和社会主义是我们坚定的政治信念。中国共产党是马克思主义的忠诚信奉者、坚定实践者,我们坚定的政治信仰就是马

---

① 李向平,文军,田兆元.中国信仰研究:第 1 辑[M].上海:上海人民出版社,2011:87-89.

克思主义。中国特色社会主义最本质的特征就是坚持中国共产党的领导，我们在政治上依靠的组织就是中国共产党，也只能是中国共产党。因此，对小学生政治信仰的评价，我们主要从他们对社会主义和共产主义的信念、对中国共产党的信任、对马克思主义的信仰、对中国发展道路的信心四个指标进行衡量。

4.政治参与

政治参与指的是学生基于一定政治规范的约束，通过符合法律规定的方式参与国家事务、社会事务的各种政治行为。现阶段，中国政治参与方式主要体现在基层自治活动、投票和选举、参与政党和政治社团等。由于小学生还未满十八岁，所以尚不能参加民主投票和选举，也无法申请入党。鉴于此，对小学生政治参与的评价，可以从建言献策、响应党团号召两方面进行衡量。

（四）心理素质

作为 21 世纪的小学生，为了更好地立足当代社会，必须要具备当代人的素质，特别是当代人的心理素质。心理素质是小学生品德发展水平评价的重要组成部分，小学生心理素质的提升有助于其自身形成高尚的道德品格、道德情怀和道德修养，并为小学生品德发展水平的提升注入强大动力。对小学生心理素质的评价，可以从他们的自我意识、心理健康、情绪性格、意志品质四个指标进行衡量，如图 4-3 所示。

图 4-3　小学生心理素质评价指标

1.自我意识

自我意识也被称为自我，指的是学生对自己、他人及周围世界关系的认识，其具有鲜明的能动性、意识性和社会性等特点。自我意识是推动小学生个性发展的重要因素，积极的自我意识说明学生具有"自知之明"，可以正确地认识自我；可以对自己进行准确定位与评估，找到自己的价值点；有上进心，不骄不躁，努力实现自我价值。因此，对小学生自我意识的评价，可以从小学生的自我感知能力、自我定位能力、自我评价能力和自我价值实现能力四个指标进行衡量。

2. 心理健康

心理健康也被称为心理卫生，指的是个体的心理在各个方面及活动过程中保持在正常或者较好的状态，而且个体内部及其与环境之间处于和谐的良好状态。相关调研结果显示，从整体上来看，目前小学生的心理健康水平比较好，但也有部分小学生存在明显的心理问题，呈现出显著的心理特征。小学生心理健康是其茁壮成长的必备条件，这关系到小学生将来能否走向成功，而要想判断小学生心理是否健康并非易事。考虑到小学生群体的年龄特征、心理特征等因素，我们在对小学生心理健康进行评价时，可以从他们的智力是否正常、人格是否健全、心理行为与年龄特征是否相符、行为与社会角色是否一致、人际关系是否和谐五个指标进行衡量。

3. 情绪性格

情绪性格涉及情绪和性格两方面。其中，情绪指的是个体在从事某种活动时对外界事物产生的态度，且倾向于需求欲望的态度体验。在评判小学生情绪的健康程度时，情绪分度化是一个非常重要的衡量指标，当学生的情绪分度化比较高时，表明学生的情绪处于稳定状态。因此，对小学生的情绪的评价，可以从学生的心理调适能力、情绪调控能力两个指标来衡量。性格是一个比较复杂的心理构成物，具有稳定性、倾向性和个体差异性的特征，形成于后天社会环境中。对小学生性格的评价，可以从勇于砥砺前行、保持积极向上的态度和正确面对成功与失败三个指标进行衡量。

4. 意志品质

意志品质是学生的重要精神支柱，它指的是学生在明确目的的引导下，按照自己的信念、知识和行为方式展开行动的品质。良好的意志品质是撬动小学生优秀品德习惯得以形成的重要杠杆，是小学生茁壮成长、完成远大理想的强大精神力量。对小学生意志品质的评价，可以从学生是否具备积极进取的意志、是否有较高的承受力和抗挫折能力、是否有社会适应能力、是否具备团结协作精神四个指标进行衡量。

（五）法律素质

法律素质指的是基于一定的历史条件，人们从事各种法律活动应当具备的能力和素养，以及对现行法律和法律现象的感知与体验。法律素质的要素主要有学习必备的法规知识，树立正确的法律观念和民主观念，拥有从事法律活动的必备能力。法律素质与人们的生活密不可分，且它是小学生应当具备的重要素质，学生法律素质的提高不仅有助于其维护自身的合法权益，还能促进社会的和谐稳定发展。对小学生法律素质的评价，可以从法治观念、民主观念、法律行为三方面入手，如图 4-4 所示。

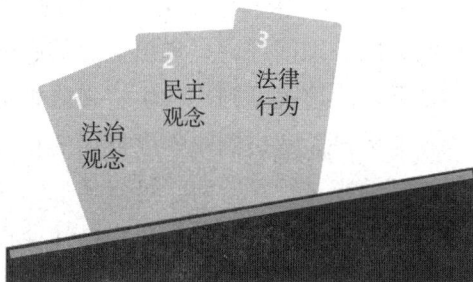

图 4-4　小学生法律素质的评价指标

1. 法治观念

法治观念指的是学生对法治的认识，以及对法治所持有的态度。法治是保障和改善民生的基石，是社会文明进步的重要标志，因此强化学生法治观念，有助于推动依法治国。对于小学生来说，良好的法治观念涉及他们对依法治国理念的认识、公平观、权利观等内容。因此，对小学生法治观念的评价，可以从学生对权利与义务关系的认识、对全面依法治国理念的认同、对法律面前人人平等原则的认识三个指标进行衡量。

2. 民主观念

民主观念指的是学生对民主现象持有的态度和看法，以及对正确行使民主权利的理解。民主是全人类的共同价值，民主观念是小学生法律素质评价的一项重要指标。作为新时代的小学生，应当知道社会主义民主政治的核心是人民当家作主；我国是工人阶级领导的以工农联盟为基础的人民民主专政的社会主义国家，绝大部分的人都享有广泛的民主权利；中国共产党的领导制度和组织制度是民主集中制，这也是科学民主决策的基本原则。因此，对小学生民主观念的评价，可以从学生对人民当家作主的认识、对民主集中制原则的认识、正确行使民主权利三个指标进行衡量。

3. 法律行为

法律行为属于一种法律事实，指的是学生守法、用法、护法的行为表现，这直接体现了学生法律素质的高低。作为一位公民，小学生是党和国家未来的主人翁，遵守并维护法律是其应当具备的素质和法定义务。对小学生法律行为的评价，可以从学生是否遵守宪法法律，维护宪法法律权威；是否依法行使权利和履行义务；是否可以合理运用法律武器维护自身合法权益三个指标进行衡量。

第二节　小学生学业发展水平评价指标

小学生学业发展水平评价是小学生"五育"并举之"七尚"综合评价的重要组成部分，通过学业发展水平评价，我们可以知晓学生当前阶段的学习状况，了解学生在学习过程中存在的和潜在的问题，对症下药，为学生下阶段的学习合理地调整方案，以期学生在最后能够取得一个理想的学习效果。因此，有效的小学生学业发展水平评价，对小学生的发展具有积极影响，对未来的人才培养起着重要作用。构建小学生学业发展水平评价指标，能为小学生学业发展水平评价的有效性奠定基础。

一、小学生学业发展水平评价指标确定的原则

为保证小学生学业发展水平评价指标的有效性，在指标确定的过程中要坚持全面性、客观性、科学性原则，如图4-5所示。

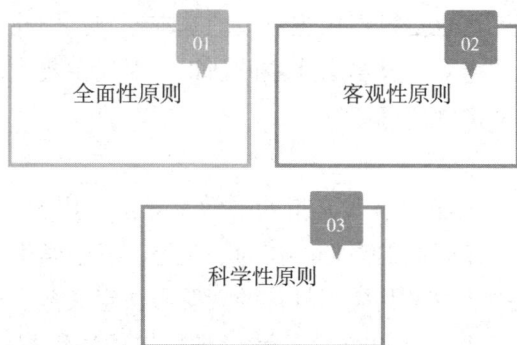

图 4-5　小学生学业发展水平评价指标确定的原则

（一）全面性原则

全面性原则指的是，评价指标体系是由一系列相互联系的指标组成的有机整体，它能准确、清晰地反映评价目标，全面地反映小学生学业发展水平的各构成要素及其本质属性。在评价指标体系中，虽然每个评价指标只反映了某一方面的评价目标，但是评价指标的总和应该涉及评价目标的每个方面。

小学生学业发展水平评价指标的确定要想坚持全面性原则，首先其制定的一级指标要充分体现评价目标的内涵和外延，二级指标要充分体现一级指标的内涵和外延。其次，其要以掌握小学生学业发展现有水平及层次性表现为基础，从整体出发，紧紧围绕评价目标，全面筛选评价指标。最后，在确定评价指标时要保证筛选并确定好的各级各类指标可以反映当下小学生学业发展水平的状况，并有效把握小学生学业水平发展的实际需要。

（二）客观性原则

客观性原则指的是小学生学业发展水平评价指标的确定要保证每项指标都是客观的，严格按照程序对小学生学业发展水平进行评价。所确立的指标要面向每一个评价对象，不能存在倾向性，更不可以带有个人偏见，要充分体现公平、公正、公开原则。

（三）科学性原则

科学性原则指的是小学生学业发展水平评价指标的确定要避免选择的主观性，只有从始至终坚持科学性原则，以相关理论为基础，与学生成长发展规律相一致，才可以获得准确、客观、可信的信息。这样一来，就能提升小学生学业发展水平评价结果的可信度，从而真实、准确地反映学生在学业方面的实际状况，更好地服务于学生学业的发展。

二、小学生学业发展水平评价指标确定的依据

（一）国家相关政策文件

国家颁布的一系列相关政策文件，为小学生学业发展水平评价指标的确定提供了重要依据。比如，2013年，我国颁布了《中小学教育质量综合评价指标框架（试行）》，明确指出学生的学业发展水平的评价，要重点考查学生对各学科课程标准要求的基础知识、基本技能的理解和掌握情况，评价时可以用知识技能、学科思想方法、实践能力等关键性指标来衡量，为学生终身学习和发展奠定良好基础。2016年，我国发布《中国学生发展核心素养》，指出核心素养的核心是培养"全面发展的人"，主要涉及文化基础、自主发展和社会参与三部分内容，综合表现为人文底蕴科学精神、学会学习、健康生活、责任担当、实践创新六大素养。同时，在学会学习这一素养下又划分出乐学善学、勤于反思、信息意识等基本要点。这对学生的学习提出了一定要求，同时对学业发展水平评价指标的确定具有重要参考价值。

（二）建构主义理论

建构主义理论是认知心理学派中的一个分支，它的最早提出者可追溯至瑞士的皮亚杰，后又经过心理学家维果茨基、布鲁纳等人的完善得以日益发展。建构主义理论经过持续的发展与演变，不仅衍生出了新型的学习理论，还正在形成新型的教学评价理论。[①]

建构主义认为知识的构建是一个个体主动自觉的过程，学习者不能一味地被动接收知识，而应该自觉主动地参与知识探究活动。因此，传统的"标准参照"评价方法已经无法适用于对建构主义环境学习的评价。而且，不同个体的知识建构过程有一定的区别，所以学习目标并非固定的，而是自由的，因此，评价标准也不能一成不变。基于建构主义理论的指导，我们在评价学生的学习时，应该着重评价学生知识建构的智力过程，如信息分析的过程、知识探索的过程、知识整合的过程等。因此，小学生学业发展水平评价指标的确定应该从

---

① 皮亚杰.发生认识论原理[M].王宪钿，等译.北京：商务印书馆，2017：105-118.

多方面展开，并注重学习过程，充分发挥评价功能，以促进学生学业水平的提升。

（三）小学生感知、情绪的特点

通常情况下，小学生往往能够有效掌握经验范围之内的时间概念，但是很难理解与生活联系不密切的时间单位，无法有效衡量时间的长短。随着小学生年龄的日益增长，其对时间单位的认识水平会不断提升，对时间长短的判断能力也会逐渐增强，并逐渐懂得学习时间的宝贵。

小学生情绪波动比较大，容易激动，其情绪会随着实际情况的变化而出现相应的变化。随着小学生年龄的日益增大，其逐渐能够体会生活的美好，更愿意积极动脑提出、思考并解决问题，但往往还不具备足够的毅力和耐心，一贯性比较薄弱。

在确定小学生学业发展水平评价指标时，我们要全面考虑小学生身心发展特点，有针对性地筛选并确定与之相符的评价指标，从而提高评价指标体系的有效性。

（四）做中学理论

美国哲学家、社会学家、教育学家约翰·杜威通过对前人研究的总结，提出了做中学理论。[1] 这一理论强调学生要在动手操作的过程中获取知识进行学习，而非一味地依靠教师的传授；同时，学生在解决问题时可以通过主动思考的方式，在获取新知识的基础上提升自身多方面的能力。做中学理论主张将学生置于课堂主体地位，让学生在兴趣的驱使下学习，提倡学生在遇到有难度的问题时通过自身的坚持和努力解决问题，从而使学生获得成就感和愉悦感。做中学理论的提出，对小学生学业发展评价指标的确定具有理论性的支柱作用，它强调学生不能一味地学习理论知识，其还需要在学习中提升自身适应社会的实践能力。

三、小学生学业发展水平评价指标的内容

通过查阅国内外相关文献资料，基于建构主义理论的指导，结合相关政策文件，我们初步确定了小学生学业发展水平评价指标的具体内容，共涉及乐学

---

[1] 杜威.民主主义与教育[M].魏莉,译.武汉：长江文艺出版社,2018：148-162.

善学、勤于反思、信息意识、学习能力四个方面，如表4-2所示。

表4-2 小学生学业发展水平评价指标的内容

一级指标	二级指标	指标观测点
乐学善学	学习意识	①懂得自己的义务和责任；②对自己的学习目的有清醒的认识；③懂得学习是一个思考、掌握知识，并实现自我完善的过程；④具备终身学习的意识
	学习方法	①目标学习法；②问题学习法；③矛盾学习法；④归纳学习法；⑤思考学习法；⑥联系学习法；⑦合作学习法
	学习态度	①信任自己的学习能力；②主动维持学习兴趣；③不急于求成；④上课注意力集中、态度认真以及积极参加各种学习活动；⑤能有目的地合理安排自己的学习时间；⑥诚挚尊重学习的对象
	学习习惯	①按计划学习；②善于在课堂上做笔记、在课后整理笔记；③合理把握学习过程；④专时专用、讲求效益
勤于反思	审视意识	①学期末，能够回顾与总结自己一学期以来在学习上哪些方面做得很好、哪些方面还有待改善；②能够在总结学习失败的教训后，分析错误的原因，并制定改进的措施；③为了更高效地学习，能够全面分析自己学习方法的优点和缺点
	策略调整	①能够根据不同的实际情况,独立地、策略性地解决学习中遇到的问题；②当学习遇到困难时，可以及时、合理地调整学习方法；③能创造性地运用课上所学知识去适应新的情况，探索新的问题
信息意识	信息获得	①具有敏锐的信息判断能力，能从大量的信息中快速鉴别出信息的准确性和价值性；②具有信息检索的主动性和能动性；③可以把获取来的信息融进自己的学习、写作、实践活动中；④能合理地利用自身有限的注意力，提高对垃圾信息的抗干扰能力；⑤能将获得的新信息与自己原有的知识体系进行融合，并批判性地对信息进行使用
	数字化生存能力	①能在学习和实践活动中比较熟练地选择和使用合适的软件；②能认识到完整和精确的信息是作出合理决策的重要基础；③能依据一定的网络设施和相关的媒体资源，通过多样化途径，自主获取信息，并形成自己的知识体系；④能根据自己的目的和需求，对所获得的信息进行整理、鉴别、筛选、重组，提高信息的使用价值；⑤能快速查找自己所需要的真正信息
	网络伦理与安全	①不侵犯他人的知识产权、隐私权；②不制作、传播、使用不良信息；③具有保护与个人相关信息的安全意识，保护信息不被破坏、更改或泄露

续　表

一级指标	二级指标	指标观测点
学习能力	思维能力	①上课认真听讲，积极思考"是什么"；②遇到问题善于联想；③上课积极动脑，思维敏捷
	合作能力	①根据教师的分组完成合作任务；②服从组内的分工，分享自己的发现；③对团队作出贡献
	表达能力	①愿意表达自己的想法；②语言表达清晰、流畅；③会主动释放自己的"情感"；④在课堂上积极举手发言
	探究能力	①可以理解探究问题，在教师指导下收集信息，进行简单的操作活动；②对知识有探究欲望；③主动发现并提出问题；④科学的怀疑精神

下面详细介绍小学生学业发展水平评价指标的内容。

（一）乐学善学

乐学指的是学生通过学习获得愉悦感，从而逐渐形成爱学、苦学、乐学的良性循环。要想使学生乐学，学生需要具备强烈的学习动机、持久的学习兴趣以及正确的学习态度。善学指的是学生可以形成良好的学习习惯，找到适用于自身的学习方法，进行自主学习，并树立终身学习的意识等。在评价小学生的乐学善学时，可以用学习意识、学习方法、学习态度、学习习惯四个指标来衡量，如图4-6所示。

学习方法　学习态度

学习意识　学习习惯

图4-6　小学生乐学善学评价指标

1. 学习意识

学习意识指的是学生看待学习有自己的认识和想法，其主要由学习动机等元素组成。而学习动机决定着学生学习的总体方向，再加上学习动机、学习方法等的相互作用、相互促进,有助于学生更快实现学习总目标。学习意识对学习目标的实现起着决定性作用。对这一指标的衡量,主要从学生是否懂得自己的义务和责任、对学习目的的认识、对学习过程的理解、是否具备终身学习意识四个方面进行。

2. 学习方法

学习方法是指人们在学习实践中归纳总结的高效学习和掌握知识的技巧。学习方法决定着学生掌握知识的效率,因此其越来越受到人们的关注。学习方法并不唯一,受环境、时代、个人条件的影响,人们采取的方法也有所不同。作为新时代的小学生,其应该掌握一些科学的学习方法,如目标学习法、问题学习法、矛盾学习法、归纳学习法、思考学习法、联系学习法、合作学习法等,以便更好地完成学习任务和学习目标。

3. 学习态度

学习态度指的是学生对学习长期保持肯定或否定的行为倾向。通常情况下,对学习态度的判定和说明,可以从学生的意志状态、情绪状况及注意状况等方面入手。大量研究证明,学习态度对学习效果有重要的影响。比如,早在1919年,美国心理学家麦独孤和史密斯通过实验研究发现,正向积极的学习态度能够显著提升人们的学习速度。由此可见,学习态度是影响学生总体学习效果的重要因素。而且,在校学习期间,在其他条件大致相同的前提下,相比于学习态度不积极的学生,那些学习态度积极的学生的学习效果会更加明显。因此,对小学生学习态度的评价,可以从学生信任自己的学习能力、主动维持学习兴趣、不急于求成、上课注意力集中、合理安排自己的学习时间、诚挚尊重学习的对象六个指标来衡量。

4. 学习习惯

学习习惯指的是学生在学习中通过不断练习,逐渐形成的一种满足个体需要的自动化学习行为方式。通过培养学生养成正确的学习习惯,对学生学习积极性的调动有促进作用,有助于学生优化学习策略,进而提升学习效率;同时,其对学生自主学习能力的培养具有重要影响,能够使学生终身受益。对小学生学习习惯的评价,可以从按计划学习、善于在课堂上做笔记和在课后整理笔记、合理把握学习过程、专时专用和讲求效益四个指标来衡量。

（二）勤于反思

反思指的是学生在学习过程中对自己的行为进行评价、控制与调节，这是一个完善自我认识的过程。反思在认知心理学上属于元认知的范畴，它在学习中并非单纯地指学生回顾与反思学习过程，而是学生通过检验自己的思维结果，全面且深入地反省和概括自己的学习过程，并结合自己的实际情况，有针对性地调整自己的学习方法和策略，在持续、反复的自我剖析和自我检查过程中最终实现自我发展。勤于反思是小学生学习过程中必不可少的重要环节，对这一指标的评价，可以从审视意识、策略调整两个指标来衡量。

1.审视意识

在二级指标中，审视意识指的是学生能自觉对自己的学习行为和学习状态进行回忆与分析并总结经验。树立审视意识，能够使学生重新认识自我，全面掌握自己的学习状态，并意识到自己在学习中存在的问题，进而分析问题形成的原因，制定改进的策略。因此，审视意识对学生的学习是非常重要的。对小学生审视意识的评价，可以从学生对一个学期学习的回顾与总结、总结学习失败教训并制定改进策略、全面分析自己学习方法的优缺点这三个指标来衡量。

2.策略调整

策略调整指的是学生根据不同的情境，从自身实际情况出发，选择并调整自己的学习方法。让学生学会调整自己的学习策略，能够帮助学生更准确地把握学习方法，使学生提高自身学习方法的有效性、科学性，进而提升学习效率，而且有助于培养学生自主学习的良好习惯，为学生的终身学习奠定基础。对小学生策略调整的评价，可以从他们能否独立解决实际问题、能否及时调整学习方法、能否创造性地运用所学知识适应新情况三个指标来衡量。

（三）信息意识

信息意识指的是真实存在于世界上的信息和信息活动在人脑中的能动反映，其具体体现为人对所关心事物信息的敏锐的感受力、判断能力和洞察力。信息意识属于意识形态范畴，为人类所特有。对于小学生来说，信息意识是其形成信息需求、信息动机、信息兴趣，并积极主动寻求信息、应用信息的源头活水。随着信息化时代的来临，信息呈现爆炸式增长的趋势，再加之移动互联网的不断发展，这悄无声息地改变着小学生生活和学习的方式。在信息化时代，"什么时候需要信息，怎样获取有用信息，以及如何有效利用信息"对小学生来说尤为重要。对小学生信息意识的评价，可以从信息获得、数字化生存能力、网络伦理与安全三个指标来衡量。

1. 信息获得

信息获得是指学生面对大量信息时能自觉、有效地获取、评估、鉴别与使用。学生获取信息的途径多种多样，但在数以万计的信息中获取自己所需信息并非易事。尤其是在这个信息大爆炸的时代，人们普遍认为信息就是生命线，及时、准确地掌握所需信息对学生来说至关重要。对小学生信息获得的评价，可以从他们是否具备敏锐的信息判断能力、是否具备信息检索的主动性和能动性、是否能将获取的信息融入自己的学习、是否能有效抵抗垃圾信息、是否能将获取的信息融入已有知识体系五个指标来衡量。

2. 数字化生存能力

数字化生存能力指的是学生更好地生存于信息社会必备的一项技能。近年来，数字技术不断发展，并广泛应用于各行各业、各个领域中，数字化生存状态现已成为现代人的一种新的社会存在方式。以计算机和网络为载体构建的虚拟空间，已经成为人类生存的第二空间，为人们的生活与工作提供了广阔的活动空间和极大的便利。人们在其中进行着别样的生产和生活活动，如数字化学习、远程教学等。小学生要想充分地享受数字世界带来的便利，进行更高质量的生活与学习，就必须要掌握一套全新的能力，即数字化生存能力。对于小学生来说，良好的数字化生存能力表现为其能在生活和实践中熟练地选择和应用合适的软件；能充分认识到完整精确的信息是合理决策的重要基础；能借助网络设施和媒体资源，通过多样化的途径，自主获取信息，并构建自己的知识体系；从自己的目的和需求出发，整理、鉴别、筛选、重组所获取的信息；能快速查找自己的所需信息。

3. 网络伦理与安全

网络伦理与安全涉及两方面内容：一方面是学生的网络伦理道德，另一方面是学生的信息安全意识。网络伦理道德指的是学生在网络社会中必须遵守的道德准则，主要涉及互联网安全、个人隐私、网络礼仪、知识产权等问题。信息安全意识指的是学生在信息化环境中进行学习时，对所有可能损害信息本身的外在条件保持一种警觉和戒备的心理状态。小学生正处于世界观、人生观、价值观、道德观养成的重要时期，若缺乏网络伦理道德和信息安全意识，会使其容易受到来自网络中形形色色的不良诱惑，不利于学生的成长。因此，引导学生形成正确的网络道德观念，树立信息安全意识，有助于提升学生在网络环境下的自我保护能力。在网络伦理和安全方面的评价，可以从不侵犯他人的知识产权和隐私权、不制作和使用不良信息、具备保护个人信息的安全意识三个指标来衡量。

（四）学习能力

学习能力通常是指学习者在正式或非正式学习环境中，所具备的自我求知、做事和发展的基本能力。在这个竞争愈演愈烈的知识经济时代，为了更好地满足激烈的竞争需求，学生必须不断地提高学习能力，也就是提升掌握新知识的能力，进而提高自身的竞争力。学习能力能伴随学生一生，并影响学生的一生。在学生时代，学习能力是影响学生学习效果的直接因素；当学生走上工作岗位后，学习能力是影响其自身掌握新技能的重要因素。因此，如果不提升学生的学习能力，将对学生的一生造成困扰。对小学生学习能力的评价，可以从思维能力、合作能力、表达能力、探究能力四个指标来衡量，如图4-7所示。

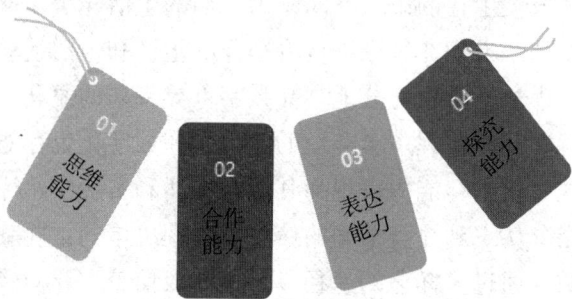

图4-7　小学生学习能力评价指标

1.思维能力

思维能力是指学生在学习过程中每逢遇到问题，都需要"想一想"，这种"想"其实就是思维。无论是学生的学习活动，还是人类参加的发明创造活动，离开思维是万万不行的，所以思维能力是学习能力的核心。思维能力的训练是一种有目的、长期性、循序渐进的教育活动，虽然学生的思维能力受天性的影响，但其影响程度和影响深度远不及后天的训练。大量研究结果显示，后天环境可以在一定程度上造就一个新人。因此，学校要重视学生思维能力的培养，为学生思维能力的提升营造良好环境。对于小学生来说，良好的思维能力的主要表现是，上课认真听讲，积极思考"是什么"；生活和学习中遇到问题善于联想；上课积极动脑，思维敏捷等。

2. 合作能力

合作能力指的是学生在生活和学习中所需要的协调和协作能力。21世纪所需的人才，必须要具备合作精神、整体意识以及合作能力。通过合作的方式，有助于学生之间建立亲密和谐的伙伴关系，形成互助的群体意识和共同的集体观念。从唯物辩证法来看，合作能力是社会性发展中的重要能力，也是一项重要的学习能力，对课堂气氛的改善起着显著作用，还能促进学生良好非认知心理品质的形成，从而提升学生的学业发展水平。特别是在当前形势下，竞争越来越残酷、激烈，这弱化了人们的合作意识，而学会合作又是21世纪人才的必备要求。因此，要想让学生在激烈的竞争中脱颖而出，培养学生的合作能力显得尤为重要。对小学生合作能力的评价，可以从他们是否可以根据教师的分组完成合作任务、是否服从组内分工并分享自己的发现、是否对团队作出贡献三个指标来衡量。

3. 表达能力

表达能力又被称为表现能力，它指的是学生通过文字、表情、动作、语言、图形等方式，将自己的意图、想法、思想、情感等清晰地表达出来，使他人能够有效理解与掌握。可以说，表达能力是人与人交流必备的能力。学生只有在学习中准确、有效地表达自己，才能与教师和同学展开有效沟通。部分学生缺乏表达的欲望，或者是表述时的语言不流畅，这些都是影响学生社会性交往的不利因素，对学生合作能力的提升有一定的阻碍。具备良好表达能力的学生，他们在表述时语言连贯性、层次性强，可以保证被他人理解。而且，随着年龄的增加，学生的语言表达要符合逻辑。当孩子进入小学后，通常可以比较自如地与家长和同学准确表达自己的想法和感受，小学生之间的谈话听起来与成人之间的差异不大。但是这种表面的相似性实际上存在着较强的迷惑性，小学生的口头语言能力仍需要进一步锤炼。对小学生表达能力的评价，可以从他们是否愿意表达自己的想法、语言表达是否清晰和流畅、是否会主动释放自己的"情感"、在课堂上是否积极举手发言四个指标来衡量。

4. 探究能力

探究能力是探索能力和研究能力的总称，它指的是学生基于教师的启发和引导，参与探索性、研究性活动的能力，这也是21世纪人才必备的能力之一。

从心理学角度来看，能力指的是一个人对知识技能的掌握和运用程度，如果一个人具备探究能力，则说明这个人已经掌握了一定的知识技能，并能用这些知识技能进行某种探索与研究的活动。一个人的探索能力越强，就意味着这个人掌握了更多的知识技能，并展开了更加深入的探究与研究活动。对小学生探究能力的评价，可以从他们是否可以理解探究问题并进行简单的操作活动、是否对知识有探究的欲望、是否可以主动发现并提出问题、是否树立了科学的怀疑精神四个指标进行衡量。

第三节　小学生身心健康发展水平评价指标

习近平在 2016 年的全国卫生与健康大会上强调，要重视少年儿童健康，全面加强幼儿园、中小学的卫生与健康工作。促进少年儿童身心健康、体魄强健，不仅是民生工程，更是国家战略，必须引起全社会的高度关注与重视。儿童的身心健康是国家的财富，更是每位小学生苗壮成长、有效学习和幸福生活的根基。有了强健的体魄、健康的心理，小学生就能为国家发展作出更大的贡献，从而过上更加幸福美好的生活。筛选并确定小学生身心健康发展水平评价指标，构建科学完善的小学生身心健康发展水平评价体系，有助于切实加强学校体质健康工作，促使学生积极参与体育锻炼，让学生从小养成健康的锻炼习惯，不断提升学生的身心健康水平。

一、小学生身心健康发展水平评价指标确定的原则

小学生身心健康发展水平评价指标的确定，需要遵循可指导性原则、发展性原则、全面性原则，如图 4-8 所示。

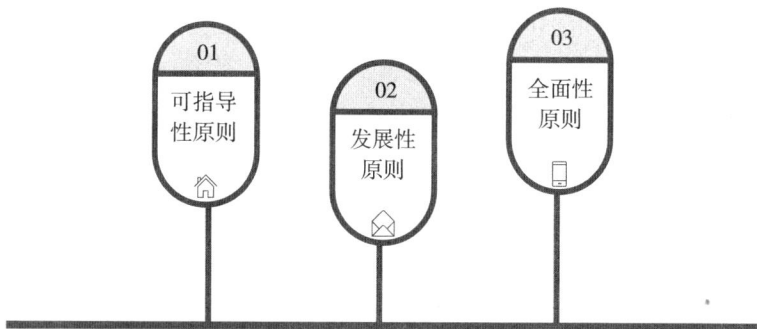

图 4-8　小学生身心健康发展水平评价指标确定的原则

（一）可指导性原则

确定小学生身心健康发展水平评价指标，主要目的在于对小学生身心健康发展水平进行评价，了解他们的身心健康状况和学校体育教育的发展状况。因此，身心健康发展水平评价指标的确定，应该以《国家学生体质健康标准》《义务教育体育与健康课程标准（2022 年版）》等为依据，筛选与之相符的评价指标，这些指标应当对小学生身心健康发展水平的评价起到指导作用，以促进小学生身心健康水平评价工作的开展。

（二）发展性原则

发展性原则指的是在确定小学生身心健康发展水平评价指标时，要以"人的发展"为核心理念，更好地满足小学生身心健康水平发展的需要，促进评价功能的实现。黄涛曾强调，无论是什么人，其任务、使命和职责都是全面发展自己的所有能力。[1] 小学生身心健康发展水平评价的功能多种多样，主要包括导向、激励、管理、诊断、激励等，促进发展是评价的终极目标，即促进小学生身心健康水平的提升与发展。作为评价指标体系的重要组成部分，评价指标的确定也应该遵循发展性原则，以促进学生朝着社会所期待的方向进步与发展。

在确定发展性评价指标时，学校应该始终贯彻落实以人为本的理念，充分体现人文关怀，为学生身体形态、身体机能和身体素质等方面的发展指明方向。小学生身心健康会受学校教育、家庭教育、社会教育等因素的影响，所

---

[1]　黄涛.和谐人培养的重构研究[M].北京：中央民族大学出版社，2019：126.

以，我们在确定评价指标时要正确处理学生身心健康与社会期望的关系，并充分体现党的教育方针、学校体质健康工作目标、社会对人才素质的期望等内容，使学生身心健康水平的发展符合社会的要求。

（三）全面性原则

小学生身心健康发展水平评价是一个多因素综合评价体系，在选取和确定相关评价指标时，应该坚持全面性原则，尽可能避免出现单一、局部指标，这样会导致评价结果缺乏合理性。在确定评价指标时，要从整体角度出发，不仅要考虑学生本身的体育学习，还要考虑学生的终身体育。在设置初始指标时，要尽量选择全面、丰富的因素，以便后期进行进一步的优化。当然，在选择和确定评价指标时，不能存在过高的重复项，要体现评价指标的概括性。

二、小学生身心健康发展水平评价指标确定的依据

（一）终身教育理论

终身教育指的是人们从出生到死亡这段时间所接受各种不同类型教育的总和，这一理论是由联合国教科文组织成人教育局局长保罗·朗格朗正式提出的。终身教育理论一经提出，在全球范围内引起强烈反响。终身教育理论认为教育应该贯穿人的一生，而非仅局限于青少年阶段；教育是包括学校教育、家庭教育、社会教育在内的整个社会的责任，并非仅局限于学校教育这种正规部门教育；教育与社会生产生活密切相关，边生活边学习、边学习边工作是现代社会发展的主要趋势。

无论是从广义角度讲，还是从狭义角度讲，教育都是一个不受时间、空间限制的过程，教育总是渗透于日常生活的各个方面。学校体育是教育非常重要的组成部分，所以在现代社会中，学校体育评价应该肩负起挖掘学生体育能力、促进学生健康发展的重要使命。以终身教育理念为依据，学校体育对学生健康的促进作用已经不只是局限于在校期间，而是应该拓展并延续至每位学生的一生；体育对学生健康发挥的作用也不应仅局限于学校教育，而应该延伸至家庭教育、社会教育；体育对学生的作用不仅局限于身体层面，而应该拓展至学生智力、心理层面的提升。

基于此，小学生身心健康发展水平评价应该着眼于当下和未来，精心挑选当下身心健康发展所需的运动能力和锻炼习惯，以及未来身心健康提升所需的

知识与技能，为学生终身体育打下坚实基础。鉴于此，小学生身心健康水平发展评价指标的确定，应该充分体现终身教育理念，落实"每位中小学生需掌握1～2项运动技能"的要求。

（二）国家相关政策文件

我国颁布的一系列相关政策文件，如《国家体育锻炼标准手册》《国家中长期教育改革和发展规划纲要（2010—2020年）》《关于进一步加强学校体育工作的若干意见》《中小学心理健康教育指导纲要（2012年修订）》《国家学生体质健康标准》《关于全面加强和改进新时代学校体育工作的意见》《义务教育体育与健康课程标准（2022年版）》等，为小学生身心健康发展水平评价指标的确定提供了重要依据。这些政策文件从学校视角提出了对小学生身心健康水平发展的具体要求，为评价指标的确立提供了重要依据。

三、小学生身心健康发展水平评价指标的内容

根据《义务教育体育与健康课程标准（2022年版）》等相关政策文件，结合小学生身心健康发展要求，我们确定了小学生身心健康发展水平评价指标的内容，共涉及体育知识、体质、运动技能、运动经历四个方面，如表4-3所示。

表4-3　小学生身心健康发展水平评价指标的内容

一级指标	二级指标	指标观测点
体育知识	本体性知识	①对体育本质和价值的认识；②对健康生活方式的认识；③对运动项目知识的掌握
	操作性知识	①对体育健身中生理卫生常识的认识和掌握；②对体育健身中安全常识的掌握；③对体育健身中心理常识的掌握；④对体育健身中的测试常识的掌握

一级指标	二级指标	指标观测点
体质	身体形态	①身体高度（身高、坐高、足弓高等）;②身体长度（腿长、臂长、手长、头长、颈长、足长）;③身体围度（胸围、臂围、腿围、腰围、臀围）;④身体宽度（头宽、肩宽、髋宽）和充实度（体重、皮脂厚度等）
	身体机能	①肺活量；②心率；③血压
	身体素质	①引体向上（男）/ 一分钟仰卧起坐（女）；②坐位体前屈；③双手前掷实心球；④立定跳远；⑤1000米跑（男）/ 800米跑（女）；⑥50米跑
	心理健康	①人格发育（外向性、神经质、开放性、顺同性）；②情绪发育（情绪知觉、情绪管理、情绪表达、情绪理解）；③意志发育（自制力、坚韧性、果断性）；④自我意识的发育（社会的自我、生理的自我、心理的自我）
运动技能	运动技术（单个运动技术）	①球类运动的传球、运球、接球等基本技术;②田径类运动的走、跑、跳等基本技术；③体操类运动的支撑跳跃、低单杠运动等基本技术；④水上或冰雪类运动的自由泳、仰泳、速度滑冰等基本技术；⑤中华传统体育类运动的长拳、太极拳等基本技术；⑥新兴体育类运动的花样跳绳、滑板、飞镖等基本技术
	运动技术组合（多个运动技术）	①球类运动的简单组合动作；②田径类运动的简单组合动作；③体操类运动的简单组合动作；④水上或冰雪类运动的简单组合动作；⑤中华传统体育类运动的简单组合动作；⑥新兴体育类运动的简单组合动作
运动经历	体育学习经历	①校内体育课参与；②校内课外体育活动参与；③校内体育组织（社团）参与；④校外体育组织（社团）参与；⑤课外有规律的体育锻炼；⑥体育比赛的管理参与
	运动竞赛参与经历	①有组织的校内体育比赛参与；②有组织的校外体育比赛参与

下面详细介绍小学生身心健康发展水平评价指标的内容。

（一）体育知识

体育知识指的是学生应当掌握的与体育相关的理论知识。体育理论知识内容比较丰富，主要包括体育卫生保健知识、预防运动损伤知识、心理健康知识等。学习这些体育知识的目的，并不只是提升学生的运动技能，更重要的是让学生了解和掌握更多健康知识，以促进学生的健康成长，以及培养学生终身体育的习惯。因此，学生不仅要弄清楚体育"是什么"这一问题，还需要搞明白要想实现健康成长、养成终身体育习惯应当"怎么做"这一问题。这就需要以认知心理学理论为基础和指导，通过对认知心理学有关广义知识的分类理论，从宏观角度入手将体育知识划分成两大类，分别为本体性知识和操作性知识。

1. 本体性知识

本体性知识指的是学生通过理解和记忆获得的体育知识，主要包括体育知识中的基本概念、规则和符号等。通过对学生本体性知识的评价，主要目的在于考查学生对体育本质、体育知识等方面内容的掌握程度，主要包括体育的价值、健康生活方式、运动项目知识等。其中，学生对体育价值的评价主要包括学生对广义体育是否具有价值、具有哪些价值、有多大价值的认识和判断，如"运动是最好的保养品""体育是一种精神，一种力量""健康是最重要的""体育是培养人格的最好工具"等。生活方式的概念具有广泛性，涉及人们的物质生活和精神生活等方面，其中物质生活又包括衣、食、住、行、社会交往、休息娱乐等方面。足够的睡眠、适度的运动、富有营养的食物和良好的卫生习惯等都是健康身体的重要组成因素。保持健康的生活方式，对学生身体和精神世界具有巨大好处。运动项目知识指的是各个体育运动项目的起源、发展，通过对这类知识的学习，有利于学生培养运动兴趣。因此，评价小学生对本体性知识的掌握，可以从他们对体育的价值、健康生活方式、运动项目知识的认识三个指标来衡量。

2. 操作性知识

操作性知识指的是能够实施且对实践具有指导作用的体育知识，换句话说就是以体育行为发生与发展为基础的具有可操作性的指导知识。操作性知识主要包括心率测量方法、健身期间心率的安全范围、身高和体重的测量方法、剧烈运动后的注意事项等，通过对操作性知识的学习，能够为学生顺利从事体育实践活动提供保障，促进学生身心健康发展。评价小学生对操作性知识的学习，可以从他们对体育健身中生理卫生常识的认识和掌握、对体育健身中安全常识的掌握、对体育健身中心理常识的掌握、对体育健身中的测试常识的掌握四个指标来衡量。

（二）体质

关于体质的定义，《辞海》中作出如下解释："人体在遗传性和获得性的基础上表现出来的功能和形态上相对稳定的固有特征。"[①] 这一定义强调了人体体质的形成不仅会受先天遗传因素的影响,还会受后天获得因素的影响,而且是在后天生长、发育过程中逐渐与外界环境相适应而形成的。每位小学生的体质具有相对稳定性,同时具有动态性、可变性,体质决定着学生的健康,决定着学生患病后对治疗的反应。因此,体质对每位学生来说都非常重要。对于学生的体质水平和运动技能,《国家学生体质健康标准》和《义务教育体育与健康课程标准(2022 年版)》中作出了明确且具体的规定,主张从身体形态、身体机能和身体素质等方面检测学生的体质健康。基于此,对小学生体质的评价,可以从学生的身体形态、身体机能和身体素质、心理健康四个指标来衡量。

1. 身体形态

身体形态是对人体生长发育水平的反映,指的是人体外部的形态和特征,主要涉及身体成分、营养状况、身体姿势、体形等方面。对于身体形态的表现,通常通过重量、长度、围度及其相互关系进行描述。小学生正处于生长发育的关键时期,其身体形态的可塑性比较强,有组织地引导学生参与系统的形体训练,不仅能及时矫正学生身体的不良姿态,使学生形成优美的体态,还能提升学生的身体健康水平。通常情况下,对小学生身体形态发育的评价,主要是用外部身体形态指标进行衡量,如身高、体重、腰围、胸围等。因此,在评价小学生身体形态时,可以从身体高度、身体长度、身体围度、身体宽度四个方面进行衡量。

2. 身体机能

身体机能指的是人的整体及器官、系统表现的生命活动。通过发展身体机能,有助于增强人体的呼吸肌力量,有效增加扩胸运动的幅度,从而大大改善呼吸机能的效果。在《国家学生体质健康标准》中,明确指出小学五、六年级的学生必须测量肺活量。肺活量是指在一定时间内,学生通过最大吸气后所呼出气体量的最大值,即肺一次最大的机能活动量,它是反映人体身体机能的重要指标之一。为了防止孩子出现一些有害健康的问题,还需要定期为小学生测量心率,计算一分钟内学生脉搏跳动的次数,并对比学生心率值是否处于正常范围,记录小学生的心率变化情况,一旦发现异常需要第一时间就医。在常人认知中,高血压患病人群以成年人为主,但鲜少被提及的儿童高血压的健康损

---

① 夏征农,陈至立.辞海.[M].6 版典藏本.上海:上海辞书出版社,2011:4389.

害不容小觑。通过测量小学生血压，根据血压高低判断小学生的心脏功能、血容量等多项指标是否正常，有助于我们掌握小学生的身体机能状况。基于此，对小学生身体机能状况的评价，可以从肺活量、心率、血压三个指标来衡量。

3. 身体素质

关于身体素质的定义，《新华汉语词典》作出如下解释：人体完成某个动作过程中表现出来的固有能力，主要包括速度、力量、耐力、柔韧、灵敏五方面能力，[①] 如图4-9所示。速度用来表示运动的方向和快慢，指的是人体在一段时间内移动的距离，或者当受到来自外界的刺激时作出反应快慢的一种能力。速度可以分为移动速度和反应速度。力量指的是肌肉处于紧张或收缩状态时对抗阻力的能力，可以用肌力表示。根据用力性质的不同，肌力可以分为两大类，分别是静力性肌力、动力性肌力；根据表现形式和构成特点的不同，肌力可以分为肌耐力、肌爆发力、最大肌力。耐力指的是人体持续做某动作或某事的耐久能力，其与心血管系统息息相关。根据自身特点的不同，耐力可以分为一般耐力、速度耐力、力量耐力；根据代谢特点的不同，耐力可以分为有氧耐力、无氧耐力。柔韧指的是关节活动达到最大范围，充分伸展四肢身体，所具备的最佳运动能力。通过科学合理的体育锻炼，能够慢慢改善韧带、肌肉的伸展能力，逐步提升关节的活动幅度。灵敏指的是当人体受到微弱的刺激时可以快速作出反应，反映了人体的定位、定向能力。这项能力与力量、柔韧、速度等素质存在着非常密切的关系。

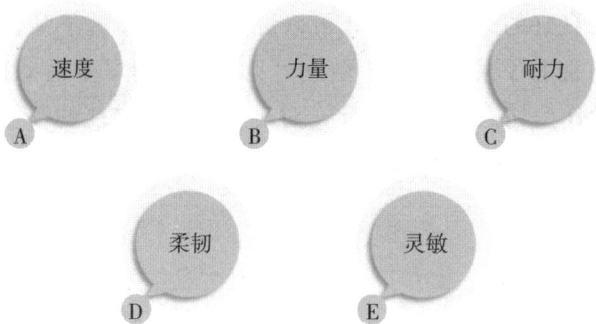

图 4-9　身体素质包括的五方面能力

[①] 《新华汉语词典》编委会 . 新华汉语词典：最新修订版 单色本 [M].北京：商务印书馆国际有限公司 , 2013：873-874.

对小学生身体素质的评价，可以从引体向上（男）/一分钟仰卧起坐（女）、坐位体前屈、双手前掷实心球、立定跳远、1000米跑（男）/800米跑（女）、50米跑六个指标进行衡量。其中，50米跑是反映速度素质和灵敏素质的指标；引体向上（男）/一分钟仰卧起坐（女）、立定跳远、双手前掷实心球是反映力量素质的指标；1000米跑（男）/800米跑（女）是反映耐力素质的指标；坐位体前屈是反映柔韧素质的指标。

4.心理健康

心理健康指的是心理的各个方面及活动过程始终处于正常或良好状态。心理发育主要指的是一个人的心理活动由不成熟过渡到成熟，其行为在适应环境的过程中得到持续不断地改造，并趋于完善的复杂过程。心理疾病不仅会对个人的身心健康造成不良影响，还会对社会稳定发展造成一定阻碍，增加经济负担。因此，小学生心理健康问题不容忽视。对小学生心理健康的评价可以从他们的人格发育、情绪发育、意志发育、自我意识发育四个方面入手。

（三）运动技能

程明吉、解煜认为："运动技能指的是个体或群体在进行体育活动过程中，以相关技术规格为准则，完成专门运动技术的能力。"[1] 辛娟娟认为："运动技术具有一定的客观标准，当运动技术可以得到个体的灵活掌握与应用时，就能被称作运动技能。"[2] 针对运动技能与运动技术之间的关系，王健认为，个体因为有效掌握了某运动技术，所以拥有了该运动技能；个体因为掌握了合理的技术，所以拥有了良好的运动技能。[3] 可以说，当个体掌握了某技术时，其实就是从某种程度上拥有了某种技能。由此可见，要想对学生运动技能进行评价，应该将运动技术作为切入点。基于此，对小学生运动技能的评价，可以主要采用量化手段，即从运动技术（单个运动技术）、运动技术组合（多个运动技术）两个指标进行衡量。

---

① 程明吉，解煜.大学体育教育理论知识与运动实践研究[M].长春：吉林大学出版社，2017：103-104.

② 辛娟娟.运动技能与体育教学[M].北京：九州出版社，2018：2-3.

③ 王健.运动技能与体育教学：中小学学生运动技能形成过程的理论探讨与实证分析[D].福州：福建师范大学，2004：16-17.

1. 运动技术

运动技术指的是学生完成体育动作所使用的方法，它又被称为"动作技术"，无论是哪项体育运动项目，都需要若干个技术动作组成。比如，在体操运动项目中，主要包括空翻、倒立、翻滚等技术动作；在篮球运动项目中，主要包括运球、传球、接球、投篮等技术动作。针对不同的技术动作，需要应用不同的方法来完成动作，对身体的要求和影响也有所差异。小学生对运动技术的学习与掌握，是其形成终身体育习惯的重要基础，只有真正掌握了一定的运动技术，他们才有可能长时间坚持锻炼，进而养成终身体育的习惯。因此，运动技术的掌握与终身体育习惯的养成息息相关。对小学生运动技术（单个运动技术）的评价，可以从他们对球类运动基本技术、田径类运动基本技术、体操类运动基本技术、水上或冰雪类运动基本技术、中华传统体育类运动基本技术、新兴体育类运动基本技术的掌握六个指标来衡量（如图 4-10）。在评价过程中，主要以量化手段评价学生对某项技术动作的掌握程度，比如在对小学生篮球的投篮技术进行评价时，可以根据学生在规定时间内投进篮球的个数进行评价，以此判断学生所掌握投篮技术的数量和质量。

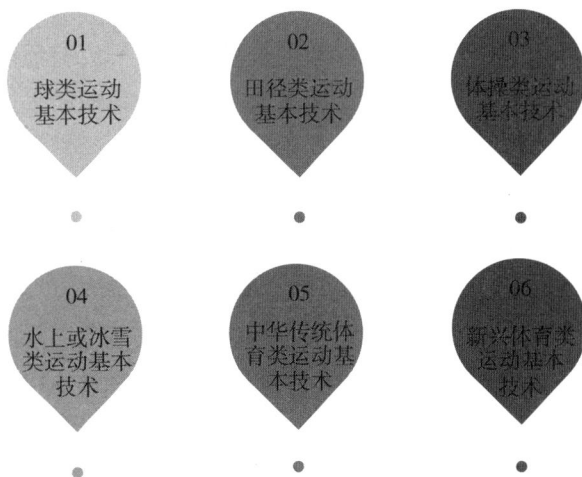

01 球类运动基本技术
02 田径类运动基本技术
03 体操类运动基本技术
04 水上或冰雪类运动基本技术
05 中华传统体育类运动基本技术
06 新兴体育类运动基本技术

图 4-10　小学生运动技术（单个运动技术）的评价指标

2. 运动技术组合

相比于单个运动技术，运动技术组合的完成难度要更高。运动技术组合指的是两个或多个组合的运动技术。比如，排球运动项目中，传球技术和垫球技术的组合，传球技术、垫球技术和扣球技术的组合。对小学生运动技术组合的评价，同样采用量化手段，主要从他们对球类运动的简单组合动作、田径类运动的简单组合动作、体操类运动的简单组合动作、水上或冰雪类运动的简单组合动作、中华传统体育类运动的简单组合动作、新兴体育类运动的简单组合动作的掌握六个指标来衡量，主要根据学生完成组合动作技术的时间进行判断。

（四）运动经历

经历指的是学生亲眼见过、亲自做过的事情，它既是动词也是名词。运动经历指的是小学生以往进行体育运动的行为过程，这种过程反映了他们当时的心理状态，也呈现了他们当下的身心健康水平。运动经历是小学生身心健康发展水平的重要考查面，这是由体育运动实践性强的特点所决定的。运动经历是小学生身心健康发展水平的外显性指标，小学生的身心健康水平通过运动经历可以得到不断提升，它对学生运动经历的积累起着指导作用。对小学生运动经历的评价，需要转化运动经历的概念，确定具有可操作性的指标。比如，在对小学生以往运动表现进行评价时，可以将其概念转化为体育学习经历、运动竞赛参与经历等可操作性概念。

1. 体育学习经历

体育学习经历指的是学生以往参与的校内体育学习活动经历和校外体育学习活动经历的总和。通过了解学生的体育学习经历，我们能掌握学生对待体育运动项目的态度、习惯和兴趣，并以此为依据调整体育教学。对小学生体育学习经历的评价，侧重于对学生在体育学习和锻炼方面的表现情况，可以从校内体育课参与、校内课外体育活动参与、校内体育组织（社团）参与、校外体育组织（社团）参与、课外有规律的体育锻炼、体育比赛的管理参与这六个指标进行衡量，如图4-11所示。

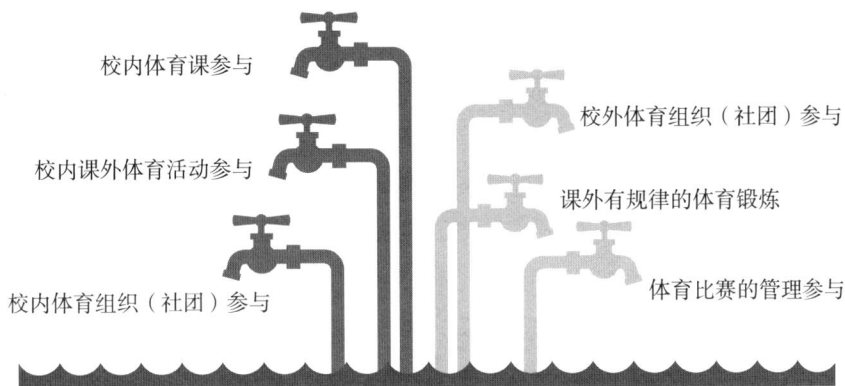

图4-11　小学生体育学习经历评价指标

2.运动竞赛参与经历

运动竞赛参与经历是指学生在以往运动竞赛中的表现情况，是高层次的运动经历。有实验证明，运动竞赛参与经历越丰富的学生，其个人修养和社会适应性就越强，还具备较强的组织领导能力。因此，对于小学生来说，丰富的运动竞赛参与经历有助于其自身的发展。对小学生运动竞赛参与经历的评价，可以从他们是否有组织的校内体育比赛参与、是否有组织的校外体育比赛参与两个指标进行衡量。在评价过程中，主要以学生参与比赛的次数、获奖情况为侧重点。

第四节　小学生艺术兴趣特长养成评价指标

每个孩子都是一个独立的个体，他们的先天条件、自身优势、兴趣爱好大有不同。从小培养孩子的艺术兴趣特长，这不仅能为孩子奠定良好的智力和身体基础，增强孩子的竞争优势，切实提升孩子的持续学习能力，还能对孩子今后的成长产生十分深远的影响。适合小学生学习的艺术特长比较多，比如舞蹈、书法、绘画、运动、钢琴等，但倘若让一个天性内敛的学生学习表演，或者让一个天性肆意的学生学习绘画，就会给学生增加诸多压力。因此，根据学生固有的个性，坚持因"材"选"艺"，使学生享受快乐的同时，避免给学生增加压力，是一件一举两得的事情。筛选并确定小学生艺术兴趣特长养成评价指标，构建科学合理的评价指标体系，使学生充满信心地学习艺术，对学生艺术思维的改善、艺术素养的提升具有重要意义。

一、小学生艺术兴趣特长养成评价指标确定的原则

小学生艺术兴趣特长养成评价指标的确定，需要坚持鼓励创新原则、促进自我反思原则、体验性原则，如图 4-12 所示。

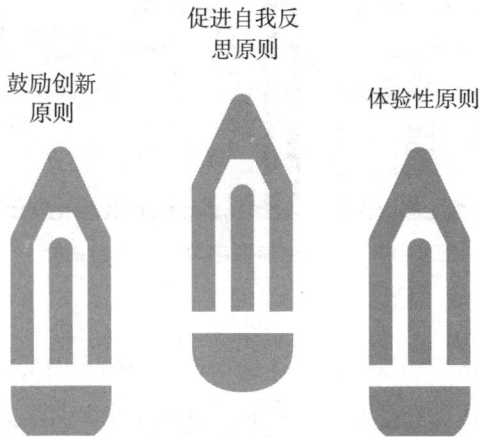

图 4-12　小学生艺术兴趣特长养成评价指标确定的原则

（一）鼓励创新原则

艺术的生命在于创新，艺术教育的价值主要体现在促进学生创新意识和创新思维的形成。与其他教育相比，艺术教育在学生创新精神的培养方面具有无可比拟的重要性。因而，对小学生艺术兴趣特长养成的评价指标的选择，应充分体现对他们的创新意识、创新素养元素，以及他们在材料运用、表达方式、思维方式等方面的新颖性、创新性的关注，给予学生恰当的引导和鼓励，以营造"人人爱创新"的艺术学习氛围。

（二）促进自我反思原则

通过艺术教育，学生会不断超越自己的情感，从而获得感性和理性相协调的审美体验的心灵自由，即"审美自由"。学生"审美自由"的获得与积累，是建立在学生不断升华自我认识的基础上的。因此，这个评价过程不仅需要教师的精心设计和把握，更需要学生主体对自我认识进行不断升华。从审美发展的过程来看，学生要想在整个成长过程中实现"审美自由"，必须要将"审美自由"的积淀贯穿每个阶段的艺术学习，只有这样才能以自我态度、尊重他人的角度进行宽容自由的审美。因此，小学生艺术特长兴趣养成评价指标的确

定,不仅要体现对他们"审美自由"的重视,更要关注他们在艺术学习、艺术活动中不容易量化的内容,如想象力、创造力等能力,以达到促进学生自我反思艺术学习的目的。

(三)体验性原则

小学生艺术兴趣特长养成评价开展的前提是组织他们参加丰富多样的艺术体验活动。根据活动类型的不同,主要可以将艺术活动分为三大类型,分别是艺术课堂教学活动、课外艺术活动、校外艺术实践活动。其中,艺术课堂教学活动通常是指以教学班为单位的艺术领域教学活动;课外艺术活动主要包括艺术社团、艺术节等活动;校外艺术实践活动并非特指艺术培训等校外学习活动,而是指学生自主参加的校外艺术学习、校外艺术实践,如民族民间艺术学习、文艺演出和展览、乡村或社区文化艺术活动等。体验主要由行为体验、内心体验两方面内容构成。其中,行为体验是学生艺术兴趣特长养成的重要途径,其实就是学生亲身经历的动态学习过程;内心体验是以行为体验为前提而发生的内化、升华的心理过程,关注的重点是内心行为。行为体验和内心体验存在着相互依赖、相互影响、相互促进的关系,对小学生的发展具有积极的影响。因此,小学生艺术兴趣特长养成评价指标的确定,不仅要关注他们在艺术活动中的外在行为表现,更需要关注他们的内在心理体验,如兴趣、表达欲望、审美观等。只有这样,才能充分发挥评价指标体系的发展导向功能,使学生积极主动地将评价指标内化为精神品质,外化为行为表现,产生艺术兴趣并发展成自身特长,提升自身的艺术素养。

二、小学生艺术兴趣特长养成评价指标确定的依据

(一)国家相关政策文件

艺术教育是素质教育的重要组成内容,国家颁布的一系列相关政策文件,为小学生艺术兴趣特长养成评价指标的确定提供了重要依据。2014 年 1 月,教育部发布《关于推进学校艺术教育发展的若干意见》,要求以普通中小学艺术课程标准为依据,组织力量研究并制定学生艺术素质评价标准、测评指标和操作方法,并于 2015 年正式对中小学校进行艺术素养测评。2015 年 5 月,教育部印发《中小学生艺术素质测评办法》,强调建立健全学校艺术教育工作评价制度,改进美育教学,促进学生的审美和人文素养,促进学生全面健康成长。

2019年6月，中共中央 国务院印发《关于深化教育教学改革全面提高义务教育质量的意见》，明确指出实施学校美育提升行动，严格落实音乐、美术、书法等课程，结合地方文化设立艺术特色课程。广泛开展校园艺术活动，帮助每位学生学会1至2项艺术技能、会唱主旋律歌曲。引导学生了解世界优秀艺术，增强文化理解。2020年10月，中共中央 国务院印发《深化新时代教育评价改革总体方案》，强调要改进美育评价，把中小学生学习音乐、美术、书法等艺术类课程以及参与学校组织的艺术实践活动情况纳入学业要求，促进学生形成艺术爱好、增强艺术素养，全面提升学生感受美、表现美、鉴赏美、创造美的能力。这些政策文件的颁布，为小学艺术教育、小学生艺术兴趣特长评价指标的确定提供了重要依据。

（二）多元智能理论

美国心理学家加德纳提出了多元智能理论，他认为每个人的智能至少有八种，包括语言智能、逻辑数学智能、音乐智能、空间智能、身体运动智能、人际关系智能、内省智能、自然智能，并且人与人之间在八种智能上的表现有所差异，无论谁都具有自己最擅长的智能领域，都具有很大的发展潜力和空间。[1]由此可见，每位小学生在某智能领域都有自己的特长，而且都具有可发展的潜力，因此他们对艺术的兴趣点、表现方式、艺术审美感受等方面存在着一定的差异性。因此，小学生艺术兴趣特长养成评价指标的确定，应该要充分考虑不同学生之间的差异性，关注他们良好的艺术禀赋，从而发现他们身上的"艺术闪光点"。

但是，尊重学生在艺术兴趣特长方面的差异性，并不意味着忽视学生其他审美素养的发展。小学生艺术兴趣特长养成评价是全面性评价，要保证学生审美素养各部分内容都能达到一定要求。可以说，小学生艺术兴趣特长的主动发展是在学生审美素养全面发展基础上更高层次的一种发展。因此，小学生艺术兴趣特长养成评价指标的确定，也要充分体现除了艺术兴趣特长之外的其他审美素养的要素，为学生艺术兴趣和特长的养成打下牢固基础。

（三）学生艺术能力和人文素养整合发展的需要

完整的艺术课教学是艺术能力与人文素养的整合发展，其强调人们应注重

---

[1] 加德纳.多元智能[M].沈致隆，译.2版.北京：新华出版社，2004：16-20.

引导学生捕捉、洞察生活中的自然美、平凡美、和谐美，循序渐进地提升学生欣赏美、创造美的意识和能力，促使学生形成综合艺术能力，如艺术感知能力、艺术表现能力、艺术评价能力等。同时培养学生对各类艺术的兴趣爱好，充分调动学生探索艺术知识与技能的积极性，培养学生的艺术特长。为了满足学生艺术能力和人文素养的整合发展需要，我们在构建小学生艺术兴趣特长养成评价指标时不能只关注学生对艺术技能知识的掌握程度，还应该全方位关注学生在艺术课程学习和艺术活动中的种种表现，有效破除"唯分论才""唯奖论才"的片面性、单一性，以充分发挥评价指标体系的诊断、激励、改善功能，激发学生艺术学习的兴趣。为学生艺术创造注入强大动力。

三、小学生艺术兴趣特长养成评价指标的内容

以国家相关政策、多元智能理论、学生艺术能力和人文素养整合发展的需要为依据，结合《义务教育艺术课程标准（2022 年版）》，我们确立了小学生艺术兴趣特长养成评价指标的内容，共涉及艺术特长、审美情趣、艺术学习经历三个方面，如表 4-4 所示。

表 4-4　小学生艺术兴趣特长养成评价指标的内容

一级指标	二级指标	指标观测点
艺术特长	书法	①对坐姿和执笔姿势的掌握；②笔画线条是否干净直爽、有弹性；③字内空间是否匀称美观，外形结构是否符合单字自身形状；④章法布局是否美观，风格是否优美；⑤在书法学习和书法活动中的态度和表现
	绘画	①主题是否突出，画面想象是否合理；②应用的材料和方法是否丰富；③对透视、基本功、比例要点的掌握；④对绘画是否热情
	声乐	①是否掌握正确的演奏技巧；②声乐创编的能力；③音乐感染力和表现力的高低；④现场演奏状态是否良好
	舞蹈	①是否可以灵活控制肢体；②表情与舞蹈感情是否相符；③动作是否连贯完整；④自主创作舞蹈作品的能力
	戏剧	①是否可以灵活运用肢体；②表情与戏曲人物情感是否相符；③戏剧创编的能力；④动作与戏曲韵味是否相符；⑤唱腔与剧种音乐风格是否相符

一级指标	二级指标	指标观测点
审美情趣	发现美的能力	①热爱生活，善于捕捉生活中的美；②善于观察，感受身边美的存在
	鉴赏美的能力	①认真学习美术、音乐等课程，且表现良好；②对音乐、美术等作品有一定的自我认识
	创造美的能力	①在课程学习中能否高效率地完成美术、音乐等艺术作品；②具备自主创作艺术作品的意识
	表现美的能力	①通过不同形式表现美感；②及时、准确地表达自己对于美的感受
艺术学习经历	艺术课程学习经历	①过程性的艺术课程修习情况；②结果性的测评成绩
	课外艺术活动参与经历	①过程性的课外艺术活动参与情况；②结果性的课外艺术活动参与情况

下面详细介绍小学生艺术兴趣特长养成评价指标的内容。

（一）艺术特长

艺术特长指的是学生在书法、绘画、声乐、舞蹈、戏剧等领域中某个才能比较突出。通过培养小学生的艺术特长，能够丰富学生枯燥的生活，满足学生的个性化学习需求，不断提升学生的艺术修养、品德修养，让学生的童年生活更加美好。另外，培养学生的艺术特长有助于提升学生的自信心，当学生具备艺术特长时，他们就会参加很多节日活动，甚至担任班级的文艺干部，这在无形之中对学生自信心的树立提供了很大帮助。因此，对小学生艺术特长的评价，主要从书法、绘画、声乐、舞蹈、戏剧五个指标进行衡量。

1.书法

书法是中国特有的一种传统艺术，从广义角度来看，书法指的是人们根据文字的含义和特点，以书体笔法、结构和章法书写，并使之成为具有审美价值的艺术作品。从狭义角度来看，书法指的是运用毛笔对汉字进行书写的方法和规律。2013年1月，教育部印发《中小学书法教育指导纲要》，要求从2013年春季开始，在中小学教学体系中添加书法教育，组织不同年龄的学生分阶段修习硬笔和毛笔书法。由此可以看出，国家对书法教育的高度重视。中国书法以汉字为载体，是中华文化的瑰宝，是基础教育的重要组成内容。加强对小学生的书法教育评价，了解小学生对书写基本技能的掌握程度，挖掘小学生在书法方面的潜力，培养小学生书法兴趣和书法特长，是培养小学生审美素养和文化修养，传承中华民族优秀文化，促进小学生全面发展的重要举措。评判小学生在书法领域的才能，可以从小学生的坐姿和执笔姿势是否正确；笔画线条是否具有干净直爽、弹性；字内空间是否匀称美观，外形结构是否符合单字自身形状；章法布局是否美观，风格是否优美；在书法学习和书法活动的态度和表现五个方面衡量。

2. 绘画

从技术角度来讲，绘画是一个以表面为支撑面，在其之上添加颜色的做法，"表面"既能是纸张也能是布，添加颜色的工具既能是画布，也能是刷子，还能利用软件绘画。从艺术用语层面来讲，绘画的主要价值在于通过运用绘画的艺术行为，再结合构图、图形等美学方法，传递出画家希望表达的意思和情感。通过培养小学生的绘画兴趣与绘画特长，让学生将自己亲眼所见的事物以人物画、山水画、漫画等形式呈现出来，这种自由、便捷、直接的表现方式，有助于学生充分表达自己的内心世界，对学生表现美的能力的提升大有裨益。另外，绘画需要以观察事物为基础，只有有效地观察才能发现物体的独特之处，这在无形之中会锻炼学生的眼、手、脑协调并用的能力，切实提升学生的观察能力。对小学生在绘画领域的才能进行评价，主要从以下四个维度进行衡量：学生的绘画作品的主题是否突出，画面想象是否合理；学生应用的方法和材料是否丰富；学生对透视、基本功、比例要点的掌握程度；学生对绘画是否热情。

3. 声乐

声乐是一种用人声演唱的音乐形式，其主要指的是人利用声带，再加上与鼻腔、舌头、口腔相互配合，对气息产生作用，发出具有节奏性、持续性、动听的声音。声乐是一种审美艺术，且很多声乐歌曲与我们的生活密切相关，也可以说音乐源自生活，歌唱音乐其实就是在歌唱生活。通过培养学生的声乐特长，有助于学生养成以唱歌的方式抒发自己的想法和情感的习惯，使学生在唱歌中获得更多美的欣赏和感受，美化和丰富学生的心灵，提升学生创造美的能力，促进学生全面和谐、健康快乐地成长。评判学生是否擅长声乐，我们可以从以下四个指标进行衡量：学生对声乐演奏技巧的掌握程度；学生的声乐创编能力；学生的音乐表现力和音乐感染力的高低；学生在声乐演奏现场的状态。

4. 舞蹈

舞蹈是人类最古老的一种艺术形式，它指的是人们利用有节奏、富有力量和动态美感的动作与造型，表达出一定的思想情感的艺术。小学生的身体正处于迅速生长发育的重要时期，他们体内的新陈代谢比较旺盛，身体各个组织器官的结构、功能具有较强的可塑性。舞蹈是人体动态造型美的净化，通过培养学生的舞蹈特长，引导学生参加科学、协调的舞蹈训练，能够全面提高学生身体各部分的灵活性、协调性，有助于学生骨骼的生长发育，改善学生的食欲，强化学生的消化功能，这在提高学生身体素质的同时，能增强学生的形体和气质美感。评判学生是否擅长舞蹈，可以从以下四个指标进行衡量：学生能否灵活控制自己的肢体；学生跳舞时的表情与舞蹈感情是否相符；学生的舞蹈动作是否连贯完整；学生在舞蹈创作中的创新意识。

5. 戏剧

戏剧指的是为了达到叙事目的，运用动作、语言、舞蹈、木偶、音乐等多种形式的舞台表演艺术的总称。戏剧的表演形式多种多样，较常见的主要有音乐剧、歌剧、话剧、皮影戏、舞剧等。从小培养学生的戏剧特长，让学生掌握一项社会技能，将来成为一名散发独特魅力的社会角色，对学生今后发展的意义十分重大。根据学生的艺术特长，为其量身打造最合适的戏剧角色，能让学生通过戏剧表演的方式尽情展示自己的才艺，进一步发挥自身的特长，并深度激发学生在戏剧方面的潜力，使他们展示自己最优秀的一面，最终在戏剧表演中获得成长和发展。对小学生戏剧特长的评价，我们可以从学生能否灵活运用肢体、表情与戏曲人物情感是否相符、对戏剧的创编能力、动作与戏曲韵味是否相符、唱腔与剧种音乐风格是否相符五个指标进行衡量。

（二）审美情趣

审美情趣又被称为审美趣味，它是以兴趣爱好为表现形式的个体的审美倾向性。审美情趣是审美理想的产物，它是影响人们审美标准的决定性因素。考虑到审美情趣对人的审美观具有重要的影响，所以，很多教育家和思想家都将培养人良好的审美情趣纳入美育的重要任务。小学生只有真正掌握 1～2 项艺术特长，才能不断丰富自己的生活，才能形成健康高尚的审美情趣，进而提升审美素养，使自己在美的熏陶中茁壮成长。因此，对小学生审美情趣的评价主要以小学生的发现美的能力、鉴赏美的能力、创造美的能力、表现美的能力为关键性指标进行衡量，如图 4-13 所示。

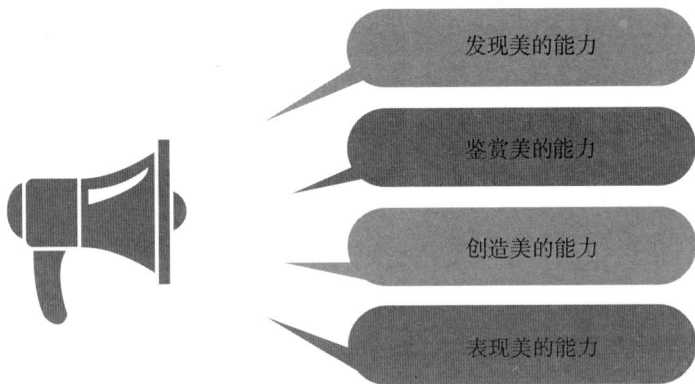

图 4-13 小学生审美情趣评价指标

1. 发现美的能力

发现美的能力又被称为"欣赏力"，这种发现并不需要建立在明确比较、参考的基础上，所以它主要的依赖并非知识，而是个体，它更加关注身体性经验，而非知识性、思维性经验。一个人如果具备良好的发现美的能力，那么他就拥有一个极其丰富的精神世界，更可能具备超出常人的创造力，这大大提升了其人生成功的可能性。而要想具备足够的发现美的能力，必须从小开始培养。因此，培养小学生发现美的能力，使他们拥有一双发现美的眼睛尤为重要。对小学生发现美的能力的评价，主要从以下两个指标进行衡量：小学生是否热爱生活，善于捕捉生活中的美；小学生是否善于观察，感受身边美的存在。

2. 鉴赏美的能力

鉴赏美的能力指的是人们对美丑的欣赏、鉴别以及判断的能力。仅让学生学会发现美远远不够，还需要让学生学会鉴赏美。美国科学家爱因斯坦曾说过："兴趣是最好的老师。"[①]学生只有在对事物充满强烈兴趣的前提下，才会全身心、以饱满的热情投入艺术学习。通过培养学生鉴赏美的能力，能让学生深深体悟艺术作品中的技巧美、意境美，丰富学生对艺术作品的认识，激发学生对艺术的兴趣，充分调动学生艺术学习、艺术鉴赏的自主性。另外，当学生具

---

① 爱因斯坦. 爱因斯坦文集：第 3 卷 [M]. 许良英，赵中立，张宣三，译. 北京：商务印书馆，1979：144.

备良好的鉴赏美的能力时，就能加强对优秀艺术作品的鉴赏与分析，提升自身的思辨能力，塑造健康、高尚的审美情趣，从而促进自己正确价值观的形成，以及使自己健康全面发展。对小学生鉴赏美的能力的评价，主要从以下两个关键性指标进行衡量：学生是否认真学习美术、音乐等艺术类课程，具体表现如何；学生对美术、音乐等艺术作品是否有一定的自我认识。

3. 创造美的能力

创造美的能力指的是学生按照美的规律，所具备的创造美的物质产品、精神产品的能力。苏联教育家、心理学家赞科夫曾说："人具有一种欣赏美和创造美的深刻而强烈的需要。①但这并不是说，我们可以指望审美情感会自发地形成。必须用目标明确的工作来培养学生的美感。"通过正确的引导，有助于提升学生的艺术兴趣及其对艺术能力的追求与渴望。审美教育的终极目标并非仅让学生能发现美、鉴赏美，而是应该以此为基础学会创造美，培养学生的审美再创造能力。艺术课程教学的整个过程，其本身是一个由鉴赏美到创造美的过程。对于小学生来说，他们对美的创造主要以尝试、模仿为主，因此审美教育需要将培养学生创造美的能力作为终极目标，将学生置于创造美的主体地位，循序渐进地提升学生创造美的能力。对小学生创造美的能力的评价，主要从以下两个关键性指标进行衡量：学生在艺术课程学习中完成作品的效率；学生是否具备自主创作艺术作品的意识。

4. 表现美的能力

表现美的能力指的是人们在个体感受的基础之上，利用绘画、音乐、手工等技能，表达对某一事物美的感受。培养学生表现美的能力不仅是艺术教育的主要目的，也是审美教育的最高境界。对小学生表现美的能力的评价，主要从以下两个关键性指标来衡量：学生能否通过不同形式表现美感；学生能否及时、准确地表达自己对美的感受。

（三）艺术学习经历

通过考查学生艺术学习经历，能了解学生当时的心理状态，掌握学生当下的审美素养。从某种程度上来看，小学生艺术学习经历的评价指标是"培养什么人"目标的具体化。这一评价的重点在于考查学生在书法、绘画、声乐、舞蹈、戏剧等方面表现出的兴趣特长，以及参加艺术活动的成果等。这一评价不

---

① 赞科夫.和教师的谈话[M].武汉：长江文艺出版社，2017：83.

仅关注学生参与艺术活动过程中的外在客观性艺术成果，也关注学生内在艺术素养的养成，主要包括潜在的艺术兴趣特长、审美态度、审美情感等。基于此，对小学生艺术学习经历的评价，主要从艺术课程学习经历、课外艺术活动参与经历两个指标进行衡量，具体内容如图 4-14 所示。

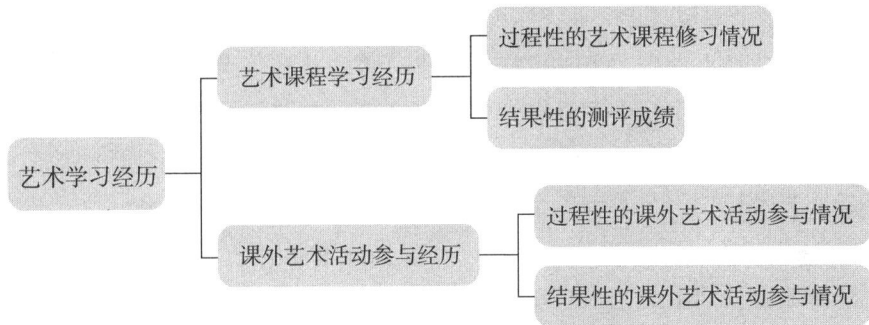

图 4-14　小学生艺术学习经历评价指标

1. 艺术课程学习经历

对小学生艺术课程学习经历的评价，主要从过程性的艺术课程修习情况、结果性的测评成绩两个关键性指标进行衡量。首先，对小学生过程性的艺术课程修习情况的评价主要考查的是学生在日常艺术课程学习中的表现，包括学生对艺术的兴趣、积极性、创作意识、个性表达方式等，这些评价指标具有稳定性、日常性、连续性等特点。将学生艺术课程修习情况作为评价指标，能使我们进一步了解学生的艺术兴趣、艺术特长、审美素养发展的过程性变化，以便深入挖掘学生的艺术潜质，为学生的艺术兴趣和艺术特长的进一步发展提供判断依据。同时，由于有些学生容易在考试时怯场不能发挥自己的正常水平，导致考试分数不太理想，但是在日常学习中表现积极主动，经常向教师请教自己感兴趣的艺术问题，这些日常性的学习表现都可以从侧面体现学生对艺术的兴趣和追求。因此，教师要加强对过程性艺术课程修习情况，如出勤率、准备情况、参与度等的评价，以消除测评成绩定结果的弊端。

其次，结果性的艺术课程测评成绩是学生评优评先的重要依据，它是指在每学期、每个学年结束时，学校面向全体学生组织的阶段性的考试，了解学生对某一阶段所学艺术知识、技能和方法的掌握程度，并将结果性的测评成绩作为一项关键性的评价指标，这对学生审美素养的提升起着促进作用。从一定程度上来看，结果性的测评成绩能全面反映学生审美素养的发展情况，但由于其主要的呈现方式是分数或等级，仅通过分数或等级无法全面了解学生在某一阶段的艺术兴趣、艺术个性特长、审美价值取向等。因此，为了全方位了解学生在某一学期、某一学年的一贯表现和发展情况，我们应将合过程性的艺术课程修习情况和结果性的测评成绩结合起来对其进行评价。

2. 课外艺术活动参与经历

艺术活动是小学生艺术兴趣特长养成评价的基础。由于教学时间、班级空间等因素的影响，小学生并没有太多的机会可以直接体验实践艺术活动，因此单纯地评价小学生艺术课堂学习活动的参与情况无法真实准确地反映他们的艺术兴趣、艺术特长、艺术审美个性、艺术情感表达等。因此，将小学生课外艺术活动的参与经历作为评价指标，进一步补充和延伸艺术课堂学习评价对真实、全面地反映学生的艺术兴趣、艺术特长、审美素养具有重要意义。对小学生课外艺术活动经历的评价，主要从过程性的课外艺术活动参与情况、结果性的课外艺术活动参与情况两个指标进行衡量。

首先，过程性的课外艺术活动参与情况主要指的是学生参与校内外艺术实践活动时的具体表现，主要包括校内艺术兴趣小组等。一般情况下，校内艺术兴趣小组主要包括书法兴趣小组、合唱兴趣小组、摄影兴趣小组、街舞兴趣小组等，其是以学生遵守教学秩序为前提，在不影响正常秩序的情况下，由兴趣相近的学生凭主观意愿参加的各种艺术活动。校内艺术兴趣小组的成立，主要是为了发展学生艺术兴趣特长，促进学生思想的交流、技艺的切磋、友谊的增进，让学生的课余生活变得更加丰富精彩。对小学生过程性的课外艺术活动进行评价，主要是根据他们参与活动的时间、积极性、创作作品等信息从侧面了解他们的艺术兴趣特长、审美价值观等。

其次，结果性课外艺术活动参与情况指的是学生在课外艺术活动中的艺术表现成果，主要包括荣誉证书、艺术等级证书等，这些均属于艺术类非学历性质的证书。通常情况下，荣誉证书、艺术等级证书的级别越高，其权威性越强，越能反映学生艺术个性特长发展的水平。可以说，以荣誉证书、艺术等级证书为表现形式的结果性课外艺术活动，具有极强的典型性、客观性，能在一定程度上反映学生艺术特长发展水平。但它具有筛选、选拔等功利性质，能获得荣誉证书、艺术等级证书的只是少数，大多数学生都是竞技比赛中的"陪跑者"，这会挫伤大多数学生参与艺术活动的热情和积极性。因此，对小学生课外艺术活动参与经历的评价，不仅要关注少部分人获取荣誉证书、艺术等级证书的情况，更应该将关注重点放在对大部分学生在艺术活动中的表现，调动学生参与艺术活动的热情和积极性，以促进学生掌握 1 ～ 2 项艺术特长。

第五节　小学生劳动技能和劳动习惯养成评价指标

　　新时代的到来，使小学生的劳动教育成为当务之急，因为这是在响应党的号召下实施的，与党倡导的全面发展教育相符，满足素质教育的要求。劳动教育作为"五育"并举的重要内容，理应是小学教育必不可少的重要组成部分。因此，利用劳动教育提升全民族劳动素质、培养对社会发展有用的人才刻不容缓。但反观当前阶段小学生接受的家庭教育，父母溺爱孩子的现象屡见不鲜，由于过度的溺爱，直接或间接地导致了当下部分小学生在生活方面的独立性比较差，甚至不具备基本的劳动能力情况的发生。所以我们不难得出结论：在小学教育中，培养学生的劳动能力至关重要，我们要引导学生养成良好的劳动习惯，只有掌握这些技能，他们才能真正实现健康快乐成长。基于新时代背景，传统劳动教育观念和方法已经无法满足小学生劳动教育的发展需求，所以劳动教育理念需要更新，相应的评价指标体系也需要进一步完善。下面从劳动技能和劳动习惯养成评价指标确定的原则、依据和内容三个方面对劳动技能和劳动习惯养成评价指标展开论述，以激发小学生参与劳动的积极性和欲望，促使他们朝着积极的方向发展。

一、小学生劳动技能和劳动习惯养成评价指标确定的原则

　　小学生劳动技能和劳动习惯养成评价指标的确定，需要遵循实效性原则、导向性原则、动态性原则，如图 4-15 所示。

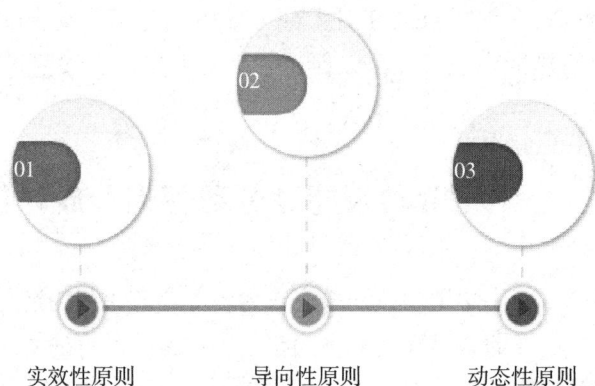

图 4-15　小学生劳动技能和劳动习惯养成评价指标确定的原则

（一）实效性原则

实效性原则指的是所设置的各个指标与上级指标要存在内在联系，从而保证创建的评价指标体系具有良好的效度。只有在此基础上，才可以具体、清晰地呈现不同维度下评价指标的特性和重点，进而全面客观地评价小学生劳动技能和劳动习惯的养成状况，并达到促进学生劳动技能和劳动习惯发展的目标。

（二）导向性原则

导向性原则指的是评价指标确定并投入使用后，能起到促进小学生劳动教育发展的作用，对此，评价指标的确定需要注意两方面。一方面，评价指标的确定要具备合理的依据，避免盲目地确定评价指标内容，应该在理论与实际的基础之上确定评价指标，以促进评价结果准确度的最大化。另一方面，评价指标的确定要以小学生自身情况为背景，充分尊重小学生的个体差异，避免对评价结果的笼统、整齐划一，而应该体现差异性，引导小学生的劳动技能和劳动习惯向着需要的方向发展。因此，评价指标的确定要坚持导向性原则，进而使其在评价指标体系的指引下促进小学生劳动教育的发展。

（三）动态性原则

小学生劳动技能和劳动习惯的养成既是一个发展目标，又是一个发展过程。小学生在六年的学习生涯中，其自身性格、能力和习惯会发生一定的变化，为了更好地适应小学生的变化，评价指标的确定应该坚持动态性原则，即在一定时期内保证评价指标相对稳定性的同时适当调整评价指标，以更好地满足小学生发展的需要。

二、小学生劳动技能和劳动习惯养成评价指标确定的依据

（一）国家相关政策文件

劳动教育是素质教育的重要组成内容，为了保证新时期小学劳动教育工作的有效开展，我国陆续发布了一系列文件。2015 年 7 月，教育部 共青团中央 全国少工委出台了《关于加强中小学劳动教育的意见》，要求通过劳动教育，提高广大中小学生的劳动素养，促进他们形成良好的劳动习惯和积极的劳动态度，使他们明白"生活靠劳动创造，人生也靠劳动创造"的道理，培养他们勤奋学习、自觉劳动、勇于创造的精神，为他们终身发展和人生幸福奠定基础。2020 年 3 月，中共中央 国务院发布《关于全面加强新时代大中小学劳动教育的意见》，要求将劳动素养纳入学生综合素质评价体系，制定评价标准，建立激励机制，组织开展劳动技能和劳动成果展示、劳动竞赛等活动，全面客观记录课内外劳动过程和结果，加强实际劳动技能和价值体认情况的考核。建立公示、审核制度，确保记录真实可靠。把劳动素养评价结果作为衡量学生全面发展情况的重要内容。2020 年 7 月，教育部印发《大中小学劳动教育指导纲要（试行）》，明确指出将日常生活劳动教育贯穿大中小学始终。在安排生产劳动和服务性劳动项目时，中小学要以使用传统工具、传统工艺的劳动为主，引导学生体会劳动人民的艰辛与智慧，提升创造性劳动能力。2020 年 10 月，中共中央 国务院印发《深化新时代教育评价改革总体方案》，指出我国应针对义务教育学校的办学质量建立健全教育督导部门统一负责的教育评估监测机制，发挥专业机构和社会组织作用。完善评价结果运用，综合发挥导向、鉴定、诊断、调控和改进作用。这些政策文件的颁布，为小学生劳动技能和劳动习惯养成评价指标的确定指明了方向。

（二）小学生的自身需求

小学生劳动技能和劳动习惯养成评价指标的构建，要以小学生自身需求作为评价依据。马克思认为，人的全面发展与其自身劳动能力存在着密切的联系，劳动的内涵由脑力劳动和体力劳动两方面组成，这是对全面发展的充分体现。[①] 同时，劳动普遍存在于人生活的方方面面，劳动随着人的存在而存在，

[①] 中共中央马克思恩格斯列宁斯大林著作编译局.马克思恩格斯选集：专题摘录：上 [M].北京：中国广播电视出版社，1992：585-591.

通过人的行动可以凸显劳动的价值，同时可以反映人所有的劳动能力。从中可以看出，全面发展体现在与劳动相关的多方面因素，并围绕劳动素养这一中心展开，进而慢慢延伸至多个方面。以小学生全面发展为出发点，小学生劳动技能和劳动习惯养成评价指标需要根据小学生全面发展中包含的劳动技能和劳动习惯培养目标进行构建。

三、小学生劳动技能和劳动习惯养成评价指标的内容

以《大中小学劳动教育指导纲要（试行）》等相关政策文件、小学生发展需求为依据，结合义务教育劳动课程标准，我们确定了小学生劳动技能和劳动习惯养成评价指标的内容，共涉及劳动价值观、劳动知识和技能、劳动习惯、劳动情感四个方面，如表4-5所示。

表4-5　小学生劳动技能和劳动习惯养成评价指标的内容

一级指标	二级指标	指标观测点
劳动价值观	承认劳动价值	①个人价值：劳动利于成长；②课程价值：学习劳动教育课程有重要意义；③社会价值：劳动促进社会进步和发展
	尊重劳动个体	①思想上尊重各阶层劳动人民；②行动上珍惜一切劳动成果
劳动知识和技能	日常生活劳动	①清洁与卫生；②整理与归纳；③烹饪与营养；④家用器具使用与维护
	生产劳动	①农业生产劳动；②传统工艺制作；③工业生产劳动；④新技术体验与应用
	服务性劳动	①现代服务业劳动；②公益劳动与志愿服务
劳动习惯	劳动意识	①自主自觉意识；②家庭责任意识；③安全规范意识；④社会公德意识；⑤生涯规划意识
	劳动行为	①合作探究；②坚持不懈；③注重效率
劳动情感	劳动共情力	①与劳动故事中的人物产生共情；②关心身边的劳动者
	劳动道德感	①具备单纯的劳动动机，即提升劳动素养；②劳动言行与行为规范相符；③具备集体主义精神，为实现共同劳动目标而奋斗

下面详细介绍小学生劳动技能和劳动习惯养成评价指标的内容。

（一）劳动价值观

劳动价值观是指对于劳动价值问题，个体所具备的根本性看法和根本性态度，主要体现在个人与集体之间的关系方面，但更多是从劳动视角出发对自己的人生目的和人生社会行为进行评价。劳动价值观是劳动素养的核心，对作为行为的劳动技能和劳动习惯具有主导和支配作用，换句话说，外显的劳动技能和劳动习惯从一定程度上看是内隐的劳动价值观的外化和呈现。所以，我们可以从一定程度上依据对学生劳动价值观的评价，分析学生的劳动技能和劳动习惯状况。另外，选择劳动价值观作为一级评价指标还有三点原因。第一，劳动价值观是对社会发展需求的一种反映，其能使学生在大环境背景的影响下朝着期望的方向发展。劳动价值观为劳动教育的实施提供了引导的方向，即我们可以通过对学生观点和理念的引导，从意识范畴层面对学生产生影响，进而使之不断朝着社会要求的方向进步。随着时代的变化与发展，劳动价值观也被赋予了时代内涵，它摒弃了旧历年、旧观点，促使学生成为堪当时代重任的接班人。第二，劳动教育的本质在于劳动价值观的培养。如果将劳动教育看作一辆车，那么劳动价值观就是这辆车的发动机，而众所周知的是，车辆如果缺少发动机将无法向前行驶。通过劳动教育可以使劳动价值观被受教育者的头脑接受，内化于心、外化于行，让劳动价值观影响受教育者的体、脑、心，从而造就满足社会需求的新时代劳动者。第三，劳动价值观影响着小学生未来的职业方向。劳动价值观作为一项核心素养，对劳动者的行为具有重要的导向作用，对小学生的生活态度、学习态度、奋斗目标、社会实践等方面产生着直接的影响。劳动贯穿每个人的一生，无论是学生时代的求学之路，还是步入职场追求职业理想之路，都需要劳动价值观作为支撑。对小学生劳动价值观的评价，可以从承认劳动价值、尊重劳动个体两个指标进行衡量。

1. 承认劳动价值

承认劳动价值，是指小学生要充分认识到劳动是一件非常有价值、有意义的事情。具体来说，在课程层面，小学生应认识到开设劳动教育课程的重要性，不轻视劳动教育课程，并平等地看待其与其他学科课程。在态度层面，小学生应始终重视与认真对待劳动教育课程，在劳动过程中全神贯注，避免影响劳动成果。在社会层面，小学生应认识到劳动是社会进步与发展的重要推动力，要全面了解劳动对社会发展、人类生存的影响，树立劳动创造未来的方向标，逐渐深化劳动价值观。从个人层面讲，小学生要发自内心的承认劳动对自身成长与发展具有不可替代的作用。从自我完善角度讲，小学生应意识到劳动并非以空洞形式而存在，而是可以提供真切的机会的。在自我发展层面，小学生应把劳动看作实现发展目标的重要推动力量，同时将劳动行动体现在生活和学习的方方面面，在劳动中保持自觉性。因此，对这一指标的评价，可以从个人层面、课程层面、社会层面三个维度进行衡量。

2. 尊重劳动个体

尊重劳动个体，即尊重每一层级的劳动工作者，用平等的目光看待社会中每个阶层的人。首先，思想是行为的先导，小学生应不轻视底层劳动人民，并意识到工人、农民、清洁工等底层劳动者都是伟大、光荣的，且他们是社会生活的重要保障，我们的衣食住行都要依靠劳动人民创造。同时，小学生应承认日常生活中的诸多事物都需要看似平凡却不平凡的劳动者来维护，如高耸入云的大楼、整洁干净的马路、丰富充足的粮食等都需要劳动者的创造。其次，行为是思想的外在表现，小学生不仅要在思想上尊重劳动个体，还要在行动上有所践行，如不随意扔垃圾、珍惜粮食、爱惜草坪等。在不被督促和监督的情况下，学生要自觉遵守原则、捍卫底线，将尊重劳动人民的观念内化于心、外化于行，最终形成一种习惯。因此，对这一指标的评价，可以从思想和行动两个维度进行衡量。

（二）劳动知识和技能

劳动知识是劳动技能的基础，两者是劳动教育的主要内容，是小学生劳动素养提升的基础要素。劳动知识是学生深入理解劳动内涵、劳动意义、劳动价值的重要基础，是劳动在理论层面的内容，学生只有有效掌握劳动知识才能更好地适应现代化劳动。从本质上来讲，劳动技能指的是人的劳动能力，主要包括人的心理能力、智力能力、体力能力，这些是劳动在技能层面的内容，学生只有学习劳动技能才能顺利完成劳动活动。选择劳动知识和技能这一指标的原因主要有三个。第一，满足劳动教育教学设计需求。由于不同学生所处的生活环境存在差异，所以他们对劳动知识和技能的掌握程度也有所不同，依据学生对劳动知识和技能的掌握程度，及时调整劳动教育目标、内容、预设结果等，能为劳动教育的高质量开展奠定基础。第二，满足劳动合作安排需求。合作是学生进行集体劳动的主要方式，而分组是合作的首要环节。通过劳动知识和技能的评价，根据学生对劳动知识和技能的掌握程度划分学生劳动等级，并科学合理地为学生进行均衡分组，有助于保证集体劳动中合作交流的顺利进行，促进学生劳动共赢。第三，满足调整教学结构的需求。劳动知识是劳动教育的目标底线，它不仅会影响劳动技能的形成，同时是劳动情感的重要支撑。通过劳动知识评价，我们可以测评学生的劳动学习效果，并以此为依据调整劳动教育课堂教学结构。对小学生劳动知识和技能的评价，可以从日常生活劳动、生产劳动、服务性劳动三个指标进行衡量，如图4-16所示。

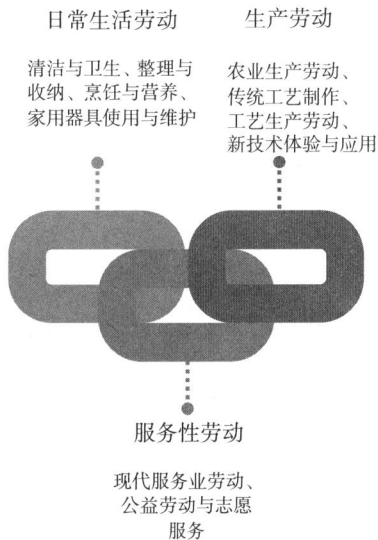

图4-16　小学生劳动知识和技能评价指标

1. 日常生活劳动

日常生活劳动主要涉及衣、食、住、行、用等方面的内容，指的是学生对个人生活事务的处理能力。这一评价指标确定的目的在于培养学生良好的卫生习惯和生活能力，增强学生自立、自强、自理意识。对日常生活劳动知识和技能的评价主要涉及四部分内容：第一部分是清洁与卫生，要求学生能进行简单的清洁劳动，如扫地拖地、清洗碗筷、垃圾分类、正确洗手等；第二部分是整理与收纳，要求学生能按需整理衣物、文具等生活和学习用品，初步形成及时整理与收纳的意识；第三部分是烹饪与营养，要求学生能进行简单的家庭烹饪劳动，包括削水果皮、洗菜、冲泡饮品等，掌握科学处理果蔬、制作饮品等烹饪技能；第四部分是家用器具使用与维护，要求学生能正确使用空调、洗衣机、吸尘器等家庭常用电器，遇到简单故障能自己动手解决，逐渐形成一定的动手能力。

2. 生产劳动

生产劳动指的是人们通过制作和使用劳动工具，有计划、有目的地参加劳动。学生参加生产劳动实践的过程，是智力与体力相结合的过程。学生在处理生产劳动中的问题时，需要对所处情境展开分析，探寻问题症结，并运用所学知识和技能解决问题，通过理论与实践相结合的方式，促进自身智力的发展。对生产劳动知识和技能的评价，主要涉及四部分内容：第一部分是农业生产劳动，要求学生学会种植当地常见的蔬菜，如黄瓜、茄子、土豆、大白菜等，同时，在法律允许的范围内饲养家禽，通过对蔬菜种植、家禽饲养过程的体验，掌握其中的方法和技能，养成有始有终的劳动习惯；第二部分是传统工艺制作，要求学生了解并掌握传统工艺制作方法和技能，主要包括编织、布艺、纸工等，并通过对传统工艺作品的设计与制作，体验劳动的艰辛和快乐，初步形成专心致志的劳动品质；第三部分是工艺生产劳动，要求学生掌握几项简单的产品模型加工技能，规范制作加工产品的模型，感受创造物质财富的愉悦感，懂得日用产品的来之不易，并初步形成爱惜日用产品的意识；第四部分是新技术体验与应用，要求学生学习与了解某项新技术的功能和使用方法，并能应用新技术加工简单的产品，亲身感受新技术在产品质量、生产效率等方面起的重要作用，调动学生创造性劳动的积极性。

3. 服务性劳动

服务性劳动指的是服务于有组织、不计报酬的义务劳动。通过组织学生参加服务性劳动，让学生利用已经掌握的日常生活劳动技能、生产劳动技能，参加各种各样的公益劳动与志愿服务等，能增强学生劳动的幸福感和自豪感，激发学生对劳动的热情，同时进一步深化学生对日常生活劳动、生产劳动技能的掌握。这一评价指标主要涉及两方面内容。一方面是现代服务业劳动，要求学生根据自身兴趣和实际条件，选择自己感兴趣、与生活联系密切的现代服务行业进行体验，主要包括教育、交通运输、体育和娱乐、文化、仓储和邮政、住宿和餐饮等行业，如学生可以借助智能设备点餐、帮家人收取快递等，以初步认识服务性劳动的类型和特征。另一方面是公益劳动与志愿服务，要求学生参加力所能及的公益劳动与志愿服务，灵活运用掌握的劳动知识和技能，为他人提供帮助和解决问题，如担任学校运动会的志愿者、参与社区环境维护工作等，对公益劳动与志愿服务的内容与形式有一个初步的了解。

（三）劳动习惯

劳动习惯是指人们经常进行劳动而逐渐形成的一种具有自动劳动需要的行为方式。劳动习惯需要经过千锤百炼才能形成，它是个体长时间反复劳动产生的一种身体本能。良好的劳动习惯直接影响着劳动的速度，也是决定劳动质量的重要因素。培养学生良好的劳动习惯，有助于提升学生的身体素质，增强学生的毅力，促进学生树立正确的世界观、人生观、价值观。对小学生劳动习惯的评价，主要从劳动意识、劳动行为两个指标进行衡量。

1. 劳动意识

劳动意识作为一种劳动倾向内隐于个体的头脑中，是个体亲身经历过劳动之后产生的主观印象，可以外显于劳动行为之上。劳动意识是劳动行为的出发点，对学生行动力产生着重要的影响。学生只有具备良好的劳动意识，才能免受懒惰的负面影响，并自主自觉地参与劳动，获得直接劳动体验，积极主动响应劳动，为劳动习惯的养成奠定基础。另外，学生是一个庞大的群体，倘若只是单纯地对其灌输劳动意识，学生容易出现只接收不思考的问题，所以离不开劳动意识评价作为开端，引导学生反思自身的劳动意识，并使其认识到劳动意识对自身发展的重要性，进而主动增强自身的劳动意识。

对小学生劳动意识的评价，我们可以从自主自觉意识、家庭责任意识、安全规范意识、社会公德意识、生涯规划意识五个指标进行衡量，如图4-17所示。其中，良好的自主自觉意识，要求学生自觉地参与劳动，不逃避劳动，不被动劳动。良好的家庭责任意识，要求学生意识到自己是家庭的一员，并主动承担力所能及的家务劳动，体会家庭成员的劳动对生活作出的巨大贡献。良好的安全规范意识，要求学生在保证自身安全的前提下劳动，不做任何危害自身安全的动作，严格按照规范参加劳动，遵守劳动纪律。良好的社会公德意识，要求学生遵守劳动纪律，不给国家拖后腿，不给社会添乱。良好的生涯规划意识，要求学生充分认识到劳动与生活、职业密切相关，将劳动与生涯规划联系在一起。

图 4-17　小学生劳动意识评价指标观测点

2. 劳动行为

劳动行为指的是学生为了完成特定的生产或服务目标所做出的具体行动。劳动行为的发生、进展和结果，不仅受到人的劳动动机的制约，还与时间、条件、地点、设备等外界因素，以及劳动者自身的身心状态息息相关，即人和环境是决定劳动行为的两大因素。对小学生劳动行为的评价，主要从合作探究、坚持不懈、注重效率三个指标进行衡量。其中，合作探究指标考查的是学生在劳动中呈现的合作探究行为能否与他人展开默契配合，在遇到困难时能否积极探索与研究，能否合力完成劳动任务。坚持不懈指标考查的是学生能否锲而不舍地劳动，在劳动中不退缩。注重效率指标考查的是学生在劳动过程中能否做到一丝不苟，不浪费时间，以及综合运用多种劳动知识和技能，高效率完成劳动任务。

（四）劳动情感

苏联心理学家维果茨基认为，人与动物之间存在着诸多不同，其中非常重要的一点在于人是情绪化的产物。① 但是，情绪并非仅指恐惧、喜悦、悲伤、愤怒等情绪，还包括心理感受和精神体验。在日常生活和教学中，教师可以通过谈话的方式为学生讲述劳动故事，并通过学生的情绪变化、动情状况与学生进行心与心的沟通，从侧面了解学生当下的劳动品质、劳动情怀以及劳动态度等，进而全面认识小学生对劳动的情感表现。劳动情感是学生劳动习惯养成的推动力，所以加强对学生劳动情感的评价，有助于促进学生良好劳动习惯的养

---

① 维果茨基. 维果茨基全集：第 5 卷 [M]. 合肥：安徽教育出版社，2016：221-243.

成，具体可以从劳动共情力、劳动道德感两个指标进行衡量。

1. 劳动共情力

劳动共情力指的是学生设身处地地体验其他劳动者的处境，理解和感受其他劳动者心情的能力。学生的劳动共情力主要体现在两方面。一方面是对书面劳动人物产生共情。比如，通过阅读书本中描写的劳动故事，对其中出现的劳动人民产生共情，深深感叹劳动人民的艰辛，同时敬佩劳动人民的伟大智慧和高尚劳动品质，学习劳动人民身上的甘于奉献、吃苦耐劳、勤俭节约的精神，并将学到的品质与精神应用到自身的劳动实践中。另一方面是对身边的人产生共情。在劳动过程中，人们并不能在第一次参加劳动任务时就做到游刃有余，这需要经过长期不断地反复锤炼过程。所以，当身边的朋友在劳动时，学生要知晓朋友劳动的进度，了解朋友遇到的困难，以便及时提供必要的帮助，将自身经验带入朋友的处境，为朋友衡量任务的难度和完成时间，帮助朋友按时完成任务。因此，对小学生劳动共情力的评价，主要从学生是否对劳动故事中的人物产生共情、是否关心身边的劳动者两个指标进行衡量。

2. 劳动道德感

劳动道德感是指个体对待劳动要坚守道德底线，不能做任何触碰道德底线的事情。小学生良好的劳动道德感主要体现在以下两方面。一方面，在动机方面，学生要树立正确、单纯的劳动动机，要以提升自身劳动技能、养成良好劳动习惯为目的进行劳动，而非以"利益"为目的进行劳动。而且，学生不能将劳动看作"诱饵"，如为了获得教师或家长的称赞，仅在教师和家长面前表现出对劳动的积极性，在私下时对劳动是漠然的态度。学生只有树立正确的劳动动机，才能形成良好的劳动道德感，对劳动始终保持敬畏心态。另一方面，在言行方面，学生不仅要尊重劳动本身，还要尊重劳动集体和劳动同伴。学生在劳动中的言行要符合规范，承认劳动的价值，包容、理解在劳动中做错事的同伴，以集体劳动规则为指导进行劳动，不能因为个人原因做任何违背劳动规则的事情，不能出于个人目的对集体劳动进度造成不良影响，与同伴合作时要结合同伴情况调整自己的劳动，着眼于共同劳动目标的实现，以高效率完成劳动任务。因此，对小学生劳动道德感的评价，主要从劳动动机、劳动言行、集体主义精神三个指标进行衡量。

第六节　小学生创新能力综合表现评价指标

当今时代是一个以知识为基础、注重创新的时代，要求社会成员具备良好的创新能力和适应性。2016 年 1 月，习近平总书记在重庆调研时强调："创新人才犹如优秀种子，很是难得，要大力培养。"创新驱动与国家和民族的前途命运息息相关，创新驱动的实质就是人才创新，我们要坚持以人为本，打造高素质的创新型人才队伍，因此，当今时代更应该重视教育创新。小学生的脑功能发育正处于"飞跃"发展阶段，神经机制也在迅速发展和形成，正是创新思维形成的重要时期。因此，构建科学合理的创新能力综合表现评价指标体系，对更好地促进学生创新能力的提升尤为重要。

一、小学生创新能力综合表现评价指标确定的原则

小学生创新能力综合表现评价指标的确定，需要坚持目的性原则、可行性原则、系统性原则，如图 4-18 所示。

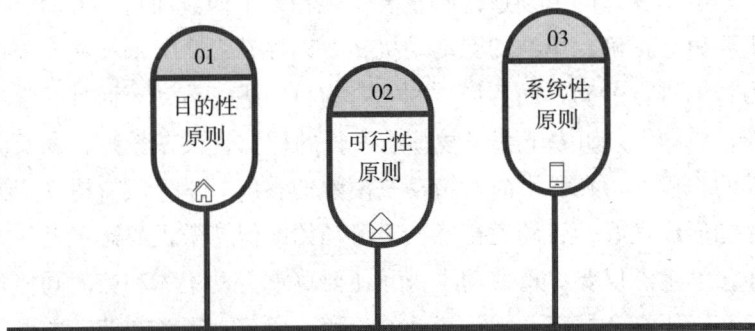

图 4-18　小学生创新能力综合表现评价指标确定的原则

（一）目的性原则

确定小学生创新能力综合表现评价指标的目的主要是培养小学生的创新能力。因此，我们在筛选和确定评价指标时，要紧紧围绕这一目标层层划分，进一步细化教育评价的目的，从不同层面、多个角度对小学生创新能力综合表现进行评价，以实现提升小学生创新能力的目的。在确定评价指标的过程中，我

们要全面考虑、合理分析，整合并筛选有用的指标。评价指标的确定要与小学生思维特点相符，要充分体现社会对小学生创新能力的要求和期盼，使小学生明确创新能力的发展方向并为之努力奋斗。

（二）可行性原则

从理论角度来讲，以现有学术研究和理论为依据与基础，完全能构建一个指标全面且丰富的评价体系，对小学生创新能力综合表现做出全方位、精细化的评价。因为当评价体系包括的评价指标数量越多时，对小学生创新能力综合表现的划分就越详细，评价结果就越精确。所以，在实际的操作中，我们要充分且深入地考虑研究主题，遵循可行性原则。与创新能力相关的评价指标非常多，初步筛选并确定评价指标后，这些指标与主题契合度的高低，是否具有存在的价值，是否能通过量化的数据呈现等，这些都是需要认真考虑的问题，因为这决定着指标的可用性。对那些不容易获取，且不能通过量化数据呈现的评价指标，只能选择将其舍弃。因此，我们在确定小学生创新能力综合表现评价指标时必须以紧扣主题为前提，认真考虑所选指标能否实现直接量化，然后再确定最终指标。同时，为了使复杂的指标体系变得简单，进一步提升评价指标体系的可操作性，我们还需要全面筛选所选指标，并剔除有交叉重复的指标。

（三）系统性原则

小学生的创新能力表现在多个方面，由最初的创意产生到最后的新事物的出现，这是一个涉及思维形成的过程。所以，小学生创新能力综合表现评价指标要具备广泛的覆盖面，要涉及创新能力形成的整个过程，不同评价指标之间要以内部逻辑关系建立起联系，并充分体现协调性、整体性特征。因此，筛选和确定小学生创新能力综合表现评价指标时，应该将评价指标划分为多个不同的模块，使相对独立又相互联系的评价指标组成一个有机评价系统，并动态反映小学生创新能力的发展。

二、小学生创新能力综合表现评价指标确定的依据

（一）以中国学生发展核心素养为指引

当今国际竞争的关键是科学技术的竞争，归根到底是人才的竞争，未来我国亟须一批具有创新精神和创新能力的现代人才。中国学生发展核心素养的提出，充分体现了我国对创新人才培养的需求，明确指出为了适应终身发展和社

会发展需要，我国学生应具备的品格和关键能力，即紧紧围绕培养"全面发展的人"这一中心，主要包括文化基础、社会参与、自主发展这三方面，共涉及包括人文底蕴、科学精神、实践创新等在内的六大素养，具体可以进一步细化为创新意识等十八个基本要点。这一指导性文件的颁布，强调教师要注重培养学生的创造能力和解决问题的能力，着眼于学生个性全面发展，主张学生在创造实践过程中获得丰富多彩的体验和经历，以加深对知识的理解，从而加强对实践创新等素养的内化与培养，促进学生终身可持续发展。这与"五育"并举之"七尚"综合评价对学生创新能力的提升不谋而合，创新能力作为素质教育核心和时代特征，也是"五育"并举之"七尚"综合评价的重要内容。因此，小学生创新能力综合表现评价指标的确立，要充分体现和聚焦学生发展核心素养。另外，中国学生发展核心素养的提出，强调教育评价的重心要从知识、学科转移到素养、学生发展上。小学生创新教育综合表现评价指标的确定，也应该以此为启示，注重对学生实践创新素养达成度的评估。

（二）以认知心理学理论为基础

认知心理学以信息加工理论为核心，从广义角度来看，它指的是对人的高级心理过程的研究，主要研究内容包括人在认识过程中的思维、知觉、记忆等。从狭义角度来看，认知心理学指的是信息加工心理学，即通过运用信息加工理论对信息加工过程进行研究。认知心理学解决的主要问题是探索个体在从事心智活动时的信息加工方式，比如，人们看到了哪些东西，采取哪些方法储存自己获取的东西，应用哪种思维模式等。与计算机处理信息的过程相比可以发现，人的大脑的信息处理过程与其具有相似性，从过程角度来看，都是先从外部获取信息，然后再将信息储存至内部。如果将人脑看作一个信息加工的系统，那么认知过程就是加工和处理信息的过程。在学生学习过程中，会解决大量的问题，在此期间学生的内心世界会展开丰富的活动，主要包括联系知识、进行想象等，进而实现认知的变化与发展。因此，认知过程是学生学习中相当重要的过程。认知派认为学生在学习中获取知识的主要方式是认知变化。[①] 对小学生来说，其自身的认知能力对创新思维、创新能力的形成与发展具有积极影响。学生的认知过程为小学生创新能力综合表现评价指标的确定提供了一个

---

① 《教育基础知识指南》编写组．教育基础知识指南[M]．成都：成都时代出版社，2009：185.

方向。

（三）以创新教育理论为基础

中央教育科学研究所于 1998 年提出了"创新教育"理念，这一理念的提出为教育改革进程的加快起到了推动作用。创新教育的主要目标在于对学生的创新意识、创新思维、创新个性、创新能力进行培养。相比于传统教育，创新教育的变化不只体现在培养目标方面，它还让学生通过亲身观察和实践的方式展开学习、获取知识。

创新教育是一种以培养学生创新意识、创造力为目的的教育，它的终极目标是为国家发展培养创新人才。创新教育倡导学生通过解决问题的方式锻炼自身的创新能力等综合能力，基于创新教育理念的指导，小学生创新能力综合表现评价指标的确定，应该充分考虑学生的创新意识、创新思维、创新能力等方面的因素，促使学生成为优秀的创新型人才。

三、小学生创新能力综合表现评价指标的内容

在创新活动中，学生需要以传统思维为基础，运用各种各样的技法创新，并将创新方法运用到生活中进行实践。从人才培养角度来看，小学生创新活动作为一种重要的教育实践活动，是实施创新教育和素质教育的有效平台和重要载体，能为小学生创新能力的提升创造良好条件。在创新活动中，学生需要充分发挥自身的创造力，从构思方面对已有成果进行创新，设计并制作出具有实用性、独特性、新颖性成果的实践活动，具体过程如下。第一，产生创意，小学生需要对创新产生强烈的兴趣，从不同角度思考生活中的实际问题，并提出解决的新思路，从而形成新颖性、有创意的意见和看法。第二，假设想象，当初步形成创意之后，小学生需要对创意进行深层次的理解与研究，对于要解决的问题，可以运用抽象的思维和想象假设性地构思针对性的步骤、方法和策略，并全面预测有可能出现的结果。第三，设计方案，小学生要充分认识到方案设计的重要性，因为方案设计是活动有效实施的重要保证。小学生需要准确把握创新设计的大方向，掌握设计方案涉及的基本内容，并设计出完整、具体的方案。第四，动手操作，小学生需要熟练掌握各种创作工具的使用方法，通过有效的动手操作、制作等过程将创意和方案转化为具体作品，同时可以灵活运用创作工具解决各种问题。第五，完善优化，完成作品的创作之后，小学生

需要找出作品的不足之处，选择合适的工具或方法不断地修改作品，使作品趋于完美。第六，作品展示，通过实体展示或数字化展示的方式，将自己的作品呈现到教师与同学面前。

以中国学生发展核心素养为指引，基于认知心理学理论、创新教育理论的基础，结合义务教育课程方案和各学科课程标准，以及其他相关规范性文件等，我们确定了小学生创新能力综合表现评价指标的内容，共涉及创新能力、创新品质、创新态度三个方面，如表4-6所示。

表4-6　小学生创新能力综合表现评价指标的内容

一级指标	二级指标	指标观测点
创新能力	知识创新能力	①基础知识；②专业知识；③方法论知识
	认知能力	①观察力；②记忆力；③想象力；④认知操作力
	创造能力	①提出质疑；②思想建模；③逻辑推理；④动手操作
创新品质	创新意识	①问题意识；②探究意识；③跨学科意识；④科学意识
	创新思维	①发散思维；②批判思维；③联想思维；④逆向思维
创新态度	自我效能	①对完成某一成就行为结果和效能的预测；②对任务完成的信心
	工匠精神	①执着专注；②精益求精；③一丝不苟；④追求卓越
	科学态度	①严肃认真，一丝不苟；②不固执己见，善于听取不同观点、方法；③客观求实，尊重事实；④良好的协作精神

下面详细介绍小学生创新能力综合表现评价指标的内容。

（一）创新能力

创新能力指的是学生在各种实践活动中，从实际情况出发，不断提出具有创造性、新颖性以及实用价值的新思想、新发明、新方法等方面的能力。创新能力不仅是经济竞争的核心，还是民族进步的灵魂，更是国家兴旺发达的不竭动力。因此，培养小学生创新能力，对社会经济、民族和国家的发展具有重大意义。对小学生创新能力的评价，可以从知识创新能力、认知能力、创造能力三个指标来衡量，如图4-19所示。

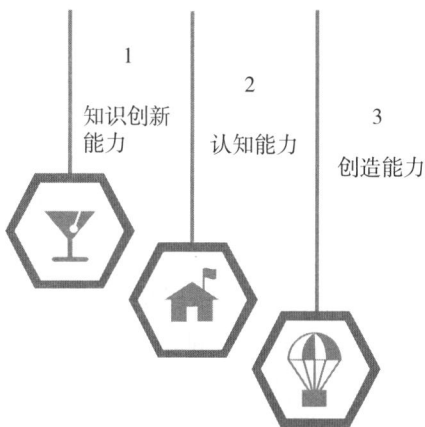

图 4-19 小学生创新能力评价指标

1. 知识创新能力

知识创新能力是指学生通过重组和整合已掌握的知识和经验，进而产生新知识、新思维、新观念的能力。知识是个体对现实世界中各种事物的客观认识，主要包括对事物本质和属性的深入思考，这也是人类通过社会实践的方式积累和总结的经验。创新建立在知识的基础之上，这并不是从无到有的过程，而是个体以借鉴前人经验为基础，经过深刻且全面的自我认知，产生突破性思想成果的过程。可以说，没有知识作为基础，创新将寸步难行。知识的广度与深度对学生思维和认知发展产生着重要影响，随着学生知识面的不断拓展，其思维拓展空间逐渐增加，这更有利于我们挖掘学生创新思维的潜力，促进学生创新能力的形成与发展。小学生获取知识的主要途径是学校课程，知识创新是小学生创新能力培养的重要基础。传统知识获取方式抑制着小学生创新能力的发展，要想摆脱传统知识的束缚，打破原有知识的局限，不仅要追求知识的准确性、广博性、科学性，更重要的是让基础知识、专业知识和方法论知识相互补充、相互融合。小学生只有透彻、深入地理解知识，才能合理有效地应用知识、构造知识，最终创造性地解决相关问题。

对小学生知识创新能力的评价，从基础知识、专业知识和方法论知识三个指标进行衡量。其中，基础知识指的是学生学习的基础知识，如信息技术基础知识。专业知识指的是在一定范围内具有稳定性的系统化知识，如语文知识、数学知识、英语知识、艺术知识等。方法论知识是指为了解决特定问题而形成的理论系统，通过研究分析实际问题和解决方案，最终得出一般性原则，如类比、分析综合、演绎归纳等。方法论知识考查的重点是学生知识面的大小，以及判断学生能否整合各个学科知识。

2. 认知能力

认知能力指的是个体通过大脑储存、加工、处理、提取信息的能力。认知能力不仅是创新活动的内在动力和起点，还是个体进行创新活动的心理条件。通过培养学生的认知能力，能帮助学生有效掌握事物本质，了解不同事物之间存在的关系，发现事物发展变化的基本规律。认知能力由观察力、记忆力、想象力、认知操作力等因素构成。

观察力指的是人对事物本质所具备的观察能力，这一能力在创新活动中尤为重要，学生只有全面、系统地观察事物，从中获取有价值的信息，并对其进行加工与处理，才可以真正地发现事物内在的独特之处，探索事物的基本规律。记忆力指的是人们对客观事物反映内容和经验所具备的识记、再认识以及重现的能力，包括曾经观察过的事物、阅读过的文字、获取的信息、经历过的情绪等。记忆力对创新活动的开展起着重要作用，因为创新活动需要建立在学生已有知识和经验的基础之上。想象力是指人们基于已有形象，通过大脑创造新形象的能力。缺乏想象力的人，其创新能力相对薄弱。每个人都具备想象力，但由于不同的人的想象方式存在差异，所以想象的结果和价值也有所不同。在日常教学中，教师一定要注重对学生想象力的培养，鼓励学生突破常规思维的束缚，大胆想象。认知操作力作为智力的一种活动方式，指的是个体通过调节思维、记忆、知觉等一系列心理活动，完成对不同材料的加工改造的过程。当学生具备良好的认知操作力时，能有效地调整注意力，拓展观察力的范围，并发挥自身的记忆力，在学习中更好地回答为什么、怎么办这些问题。

3. 创造能力

创造能力指的是创造出新事物所具备的能力，或者是从全新角度出发看待已有事物的能力。创造能力是完成创新活动的重要保障，是小学生创新能力的必备因素。小学生在进行创新活动时，只有在创造能力的辅助下才可以通过实践方式解决问题。创新思维之父爱德华·德·波诺曾指出，不可置疑的是，创造力是最重要的人力资源，在缺乏创造力的情况下，人类将无法取得进步，只能永远重复相同的模式。① 由此可见，创造能力是促进人类进步的重要因素，对小学生创造能力的培养必须引起重视。对小学生创造能力的评价，可以从提出质疑、思想建模、逻辑推理、动手操作四个指标进行衡量。

具体来讲，提出质疑指的是人们对存在的现象、问题、结果等提出不一样的看法并及时反馈。这主要考查的是学生发现问题的能力。思想建模指的是学生通过建立模型的方式，将自己内心的想法通过书面的形式进行描述，使他人可以直观地了解自己的想法。这主要考查的是学生能否条理清晰地表达自己的想法，并以书面形式呈现出来。逻辑推理指的是学生根据已知信息，通过敏捷的头脑、缜密的思维，推理出未知信息。这主要关注学生在此过程中的推理能力和逻辑能力。动手操作指的是学生有步骤、有计划地进行动手操作和实践。这主要考查的是学生的实践能力和统筹能力。

（二）创新品质

创新品质指的是学生创新的胆量、勇气、意志、兴趣和热情等。通常来讲，成才的四个要素分别为德、才、胆、识，其中德指的是品德，才指的是才能，胆指的是胆量，识指的是见识。有些人有胆无识，他们虽然文化水平不高，但是胆子却很大，任何事情都敢做，却不知道怎样干；有些人是有识无胆，他们喜欢用长远的眼光看形势，但是缺乏胆量。这两种类型的人都很难创新。创新是一件既需要勇气也需要胆量的事情，即要有敢为人先的勇气，敢于破旧立新。在日常学习中，学生良好的创新态度主要体现在以下几方面：对所学事物有好奇心；对所学事物有怀疑的胆量；对所学事物有追求创新的欲望；对所学事物有求异的智慧；对所学事物有冒险的勇气；对所学事物能做到永不自满。对小学生创新品质的评价，可以从创新意识、创新思维两个指标进行衡量。

1.创新意识

创新意识指的是人们为了满足社会和个体生活的需要，产生创造新事物或新观念的动机，并将意向、设想和愿望充分融入并体现在创作活动中。另外，从某种程度上来看，创新意识反映了人们对创新和创新重要性的认识程度和认识水平。在人类意识活动中，创新意识是一种积极性、成果性的表现形式，是

---

① 爱德华·德·波诺，彼得·德·波诺.柯尔特教程：下[M].北京：新华出版社，2002：20-26.

人们参与创造活动的着眼点和内在动力。创新意识是学生获取知识的关键，在日新月异的知识经济时代，人类知识增长速度越来越快，知识的陈旧周期越来越短，知识转化速度循序增加。基于这样的背景，接受知识的重要程度要远远落后于知识的选择、整合和转换。对于小学生来说，他们更加需要掌握的是具有高度的概括性、迁移性和包含面广的"核心"知识。而这类知识的获取是不能通过语言进行"传授"的，需要学生主动"构建"和"再创造"才可以获得，这就需要学生的创新意识在这个过程中发挥作用。由此可见，培养小学生创新意识意义重大。对小学生创新意识的评价，可以从问题意识、探究意识、跨学科意识、科学意识四个指标进行衡量。

2. 创新思维

创新思维指的是人们通过运用新颖性、独创性的方法解决问题的思维过程。这种思维打破了常规思维界限，从超常规视角出发，运用全新的思考方法对问题展开分析，提出别出心裁的解决方案，最终形成前所未有、对社会发展起积极作用的思维成果。创新思维作为一种高级的思维方式，具有以下五种特征，如图4-20所示。第一，独创性。创新思维思考与认识事物的角度是以往都没有过的，是一种与众不同的角度。创新思维的成果是提出与过去不一样的新的思想观念，能够挣脱传统思想禁锢的牢笼，并独立自主地思考，提出新奇的见解、主张，站在不断发展变化的视角对问题进行思考。独特性是创新思维最显著的特性。第二，发散性。发散性指的是思维从某一点到其他多个点的过程，并围绕某问题将所有相关要素联系起来，不断拓展自己的思维，尽量想到所有相关内容，并以此为基础举一反三。第三，灵活性。灵活性是指个体对思维方向或观点的改变能力，它表示的是思维的广度，充分体现了个体思维的灵活程度，以及学生在思考问题的过程中能在不同思路、不同情境之间自由转换，能根据问题的实际情况灵活调整自己的思维，不断优化自己的思路。第四，流畅性。流畅性指的是个体面对开放性问题形成诸多想法的能力。创新思维的流畅性也要建立在一定的基础之上，即在创新想法数量的刺激下形成新的创新想法，这种想法不仅新颖又可以解决问题。第五，求异性。求异性指的是在创新中突破常规，从客观事物的本质与形式出发，密切关注客观事物之间存在的差异和特殊性，这一特征主要体现在创新的初期阶段。通常来讲，定式思维往往会限制个体的思维，导致个体思维不容易打破对习以为常的事物、权威结论的认识，而求异思维能使个体不受常规结论的束缚，勇于怀疑所有事物和现象。对小学生创新思维的评价，可以从发散思维、批判思维、联想思维、逆向思维四个指标进行衡量。

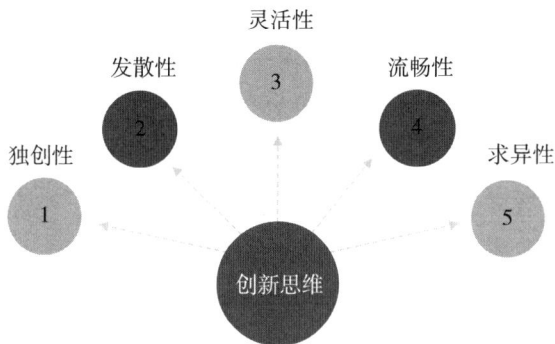

图 4-20　创新思维的特征

（三）创新态度

创新态度指的是个体对创新活动持有的稳定的心理倾向。创新态度主要具有以下三个特性：第一，具体性。创新态度是个体对特定事物或观念的稳定的心理倾向，所谓特定指的是具体的态度对象，如某件事、某一观念、某一物体等。第二，社会性。创新态度的形成建立在个体不断积累社会生活经验的基础之上，所以创新态度具有社会性，会受到社会环境和社会关系的影响。第三，协调性。创新态度主要由认知、行为和情感三部分构成，这三部分内容相互影响、相互依赖、相互促进，彼此协调一致，从而保证心理倾向的稳定性。对小学生创新态度的评价，可以从自我效能、工匠精神、科学态度三个指标进行衡量。

1. 自我效能

自我效能又被称为自我能力感，它指的是个体从主观角度出发，对能否顺利完成某一成就行为进行判断。通常来讲，随着成功经验的不断增多，个体的自我效能也会逐渐增强，反之，随着失败次数的不断增加，个体的自我效能也会逐渐降低。自我效能决定着学生对自己各方面能力的判断，积极、良好的自我效能可以让学生认为自己有能力进行创新活动，由此将持有积极向上的创新态度；而当学生自我效能比较低时，就会认为自己无法成功完成创新任务，面对创新任务就会产生消极、回避的想法，在创新活动中的积极性将大打折扣。因此，加强对学生自我效能的培养，对学生良好创新态度的形成具有积极的影响。评价小学生的自我效能，可以从学生对完成某一成就行为结果和效能的预测、对任务完成的信心两个指标进行衡量。

2. 工匠精神

在创新活动中，工匠精神是一种勇于摒弃旧思想、旧事物，并创建新思想、新事物的追求突破、追求革新的精神。从古至今，世界科技之所以能不断进步，主要得益于热衷创新和发明的工匠所作出的巨大贡献。中华人民共和国成立初期，越来越多的优秀工匠涌现出来，如郝建秀、倪志福等，成为社会主义建设事业不断发展的重要推动力量。自改革开放以来，我国涌现出一批工匠精神的优秀践行者和传承者，如"国内领先充电电池制造商"王传福、"汉字激光照排系统之父"王选等，在优秀工匠的推动下，中国创新重新影响了世界。由此可见，培养小学生的工匠精神尤为重要。对小学生工匠精神的评价，可以从执着专注、精益求精、一丝不苟、追求卓越四个维度进行衡量。

3. 科学态度

科学态度指的是个体在解决问题的过程中所采用的科学方法和看待问题的倾向。与一般俗称的态度相比，科学态度具有更强的认知特性，尤其是有关科学方法的知识或态度。科学态度是创新态度的重要表现，创新并非蛮干，更不是单纯地对原模式进行改头换面，而是保持科学的态度，采取正确的方法对新事物进行创造。学生要想树立正确的科学态度，必须要深刻认识到科学态度在创造或创新中发挥的重要作用，并采取科学的方法，对事物进行认真、客观地探索与研究。对小学生科学态度的评价，可以从严肃认真，一丝不苟；不固执己见，善于听取不同观点、方法；客观求实，尊重事实；良好的协作精神四个指标进行衡量。

第七节　小学生视野拓展评价指标

小学阶段是学生成长过程中一个非常重要的时期，他们不仅要在此阶段养成良好的生活和学习习惯，积极学习各种人文、科学知识，还需要不断拓展自己的视野，因为视野是决定学生将来能走多远的重要因素，能为中学阶段的学习奠定良好基础。因此，小学生五育"并举"评价也应该重视对小学生视野的评价，以拓展小学生视野为目的制定相应的评价指标，使小学生视野越来越开阔，看到的世界越来越大，成为一个有格局的小学生，促使他们站得更高，走得更远。

一、小学生视野拓展评价指标确定的原则

（一）发展性原则

发展性原则指的是教育要可以促进人的发展。同样地，在教育评价过程中，发展性原则要求评价也要促进人的发展，评价要时刻关注人，关注人的未来能力的发展。发展性原则是为了满足受教育者未来发展的需要。学生视野拓展评价指标的构建，主要对小学生当下视野的高度进行评价，主要目的就是了解当前小学生视野的发展状况，并为小学生今后的生活和学习做准备，帮助小学生更好地适应社会的发展。

（二）通用性原则

由于小学生视野拓展是一个长期复杂的过程，人们对小学生视野拓展的认识不一，即便是在同一领域内，对小学生视野拓展的评价指标也是不同的，因此人们有必要构建一个通用的标准，使小学生视野拓展的评价指标有统一标准可循，以避免因评价指标衡量标准的不同而造成评价结果的不准确。

二、小学生视野拓展评价指标确定的依据

（一）以《中国学生发展核心素养》为引领

2016 年，我国公布了《中国学生发展核心素养》，其中指出，要培养学生责任担当核心素养，其中包含"国际理解"这一基本要点，要求学生具备全球意识和开放的心态，对人类文明发展进程和世界发展动态有一定的了解；尊重差异性、多元化的世界文化，积极主动参与跨文化交流等。这就要求学生不断拓展自身视野，了解更多的国际文化，积极参加各种各样的研学活动，提升自身的语言能力，从而更好地发展自身的核心素养。因此，小学生视野拓展评价指标的确立，要充分体现和聚焦学生发展核心素养。

（二）以人类命运共同体理念为基础

人类命运共同体理念以一种与众不同的思维方式审思当今人类发展面临的复杂形势，它提倡人们不仅要以"开放"的思维和视野审视人类前行的机遇与挑战，还要以"包容"的格局和胸怀接纳人类发展过程中存在的差异性和多样

性,为人类文明的进步发展提供更深邃的世界眼光和更前瞻的现代意识,从而为"和而不同"的国际交往模式创设心理环境。而通过不断拓展学生的国际视野,让学生了解各个国家不同的文化背景、生活方式以及思维方式,培养学生跨文化思维,使学生树立人类命运共同体意识,有助于成就学生的终身全面发展。因此,人类命运共同体理念为学生视野拓展评价指标的确定奠定了理论基础。

三、小学生视野拓展评价指标的内容

以《中国学生发展核心素养》为指引,以人类命运共同体理念为基础,结合义务教育课程改革方案及其他相关规范性文件等,我们确定了小学生视野拓展评价指标的内容,共涉及阅读拓展、研学活动、国际理解三个方面,如表4-7所示。

表4-7　小学生视野拓展评价指标的内容

一级指标	二级指标	指标观测点
阅读拓展	阅读习惯	①阅读发帖;②读写分享
	阅读兴趣	①阅读数量;②阅读时长
	阅读成果	①读写质量;②阅读测评;③文章发表
研学活动	自主游学（国内）	①书本知识与生活经验的深度融合;②体悟和认同家国精神;③文明旅游意识
	参观访问	①任务设计与实施情况;②小组合作讨论情况;③研学课题探究情况;④研学成果报告
国际理解	英语阅读	①英语阅读量;②英语知识竞赛;③英语主题演讲;④英语作文展示;⑤读后交流活动
	国外游学	①国际化知识结构;②跨文化交流能力;③国际化意识与胸怀
	校际交流	①实践交流能力;②全球公民素养;

下面详细介绍小学生视野拓展评价指标的内容。

（一）阅读拓展

书籍是知识的海洋，是力量的源泉，是智慧的翅膀。通过不断拓展学生课内外有效阅读，能帮助学生了解更丰富的知识，拓展学生的视野。对小学生阅读拓展方面的评价，可以从阅读习惯、阅读兴趣、阅读成果三个指标进行衡量。

1. 阅读习惯

阅读习惯是为了适应阅读所需要的思维定式和行为方式。良好的阅读习惯有助于学生学习，使学生终身受用；不良的阅读习惯将对学生学习产生不利影响，对学生阅读与学习带来一定的干扰。因此，培养学生的阅读习惯非常重要，对学生阅读拓展效果具有重要的影响。对小学生阅读习惯的评价，可以从阅读发帖、读写分享两个指标进行衡量。

2. 阅读兴趣

从广义上讲，阅读习惯是指读者对整个阅读活动的喜爱程度。从狭义上讲，阅读习惯是指读者对某种载体文献的内容表现出的一种自觉选择倾向。在阅读实践活动中，阅读兴趣是影响活动效果的一种直接、活跃的意向心理因素，也是阅读动机的重要表现形式，它对小学生注意力的维系、理解与记忆的深化、创造性思维的激发等方面具有积极作用。对小学生阅读兴趣的评价，可以从阅读数量、阅读时长两个指标进行衡量。

3. 阅读成果

阅读成果指的是读者通过阅读活动取得的收获。阅读成果既反映了学生阅读的实效，也是教师了解学生的有效途径，有利于教师找到阅读教学的薄弱环节，剖析其中存在的问题，从而采取针对性的措施。对小学生阅读成果的评价，可以从读写质量、阅读测评、文章发表三个指标进行衡量。

（二）研学活动

研学活动是学校教育、社会教育、家庭教育相衔接的实践性学习形式，研学旅行是将研究性学习和旅行体验结合起来的校外教育活动，是学校教育和校外教育相衔接的创新教育形式，是素质教育的重要内容，是综合实践育人的有效途径。研学活动的意义在于让学生在研学过程中从学习的"旁观者"变成"参与者"，加深他们对相关知识的印象，深刻体会知识的厚重感。同时，研学活动作为一种很好的放松身心的办法，能适当调节学生的心情，加强学生的实践能力，提升学生的创造力和独立能力，让学生认识更多的新朋友，增进友谊，培养学生的团队意识。对这一指标的评价，可以从国内游学、参观访问两个维度入手。

1. 自主游学（国内）

学生自主游学是一种宝贵的人生体验和感受，能增长学生的阅历和见识，培养学生从多角度思考问题的思维习惯，同时让学生在自主游学活动中不断磨练与成长，提高学生独立自主的能力，为学生人生旅途上增添一笔无形的财富。对学生自主游学的评价，可以从学生能否深度融合书本知识与生活经验、能否体悟和认同家国精神、是否具备文明旅游意识三个指标进行衡量。

2. 参观访问

参观访问是研学活动的重要环节，因此我们应引导学生积极参加参观访问活动，使学生深刻感受不同城市的人文历史、社会变迁、风土人情，以培养学生的研究能力、合作能力、沟通能力等。为了让学生有计划、有组织地在研学活动中参观访问，学生首先需要做好参观访问任务的设计，保证参观访问环节的顺利进行；其次，学生要加强与小组其他成员的合作讨论，从而高效地完成参观访问任务；再次，学生要围绕研学课题，积极主动地进行探究，以便更好地解决问题；最后，学生要及时制作研学成果报告，回顾与总结研学活动的收获。

（三）国际理解

《中国学生发展核心素养》总体框架中，"国际理解"被归为六大素养之一的"责任担当"中的一个要点。通过培养学生国际理解素养，让学生不把外国人看作抽象的人，而是将外国人当作具体的人来看，即具有快乐、苦恼、理性的人，使学生充分认识、理解与尊重不同国家之间的文化差异，培养学生的全球素养。对小学生国际理解的评价，可以从英语阅读、国外游学、校际交流三个指标进行衡量。

1. 英语阅读

语言和文化之间存在着千丝万缕的联系，语言是文化的重要载体和结晶，文化是影响语言的重要因素。美国语言学家拉德在跨文化语言学（Linguistics Across Cultures）一书中曾指出："如果不能全面掌握一种文化的背景，将无法深入学习这门语言。"由此可见，要想学好英语，必须要了解说英语国家的风俗文化。而阅读是了解他国风俗文化的有效途径，通过英语阅读，可以使小学生从多角度了解说英语国家的历史地理、政治经济、科技以及哲学等，这样一来，不仅有助于他们对英语语言的深入学习，还能增长他们的英语知识，提升他们的阅读体验，拓展他们的视野，培养他们积极向上的生活态度。因此，让小学生养成英语阅读的好习惯，日积月累坚持阅读好的英语书籍对他们英语学习能力的提升、视野的开阔起着决定性作用。对小学生英语阅读的评价，可以从英语阅读量、英语知识竞赛、英语主题演讲、英语作文展示、读后交流活动五个指标进行衡量。

2. 国外游学

国外游学的宗旨在于拓展学生的国际视野，其是世界各国、各民族文明中最为传统的一种学习教育方式。近年来，随着国际化步伐的加快，不仅出国留学的人群日益壮大，国外游学也逐渐受到广大家长和学生的喜爱。国外游学专家认为，现如今的教育不仅要加强对学生的传统文化意识的培养，还需要不断拓展学生的全球视野，"读万卷书"还需"行万里路"，而国外游学为学生跨出国门、亲身体会异国风情提供了重要渠道。对这一指标的评价，可以从小学生的国际化知识结构、跨文化交流能力、国际化意识与胸怀三个维度入手。

3. 校际交流

校际交流是不同学校之间进行的教育和学术交流活动。通过跨校园的培养方式，使学生获得了更多宝贵的受教育机会，开阔了学生的眼界，极大地提升了学生的人际交往及环境适应能力，有效锻炼了学生解决复杂问题的能力。对这一指标的评价，可以从小学生的实践交流能力、全球公民素养两个维度入手。

第五章　大数据技术应用下的"五育"并举之"七尚"综合评价体系运行过程

第一节 明确评价的"全过程""多元性""实测性"理念

基于大数据技术的支撑，小学生"五育"并举之"七尚"综合评价体系的运行，要进一步明确"全过程""多元性""实测性"理念，坚持对全体学生的全面、全过程培养，始终将"立德树人"放在学校教育工作的首要位置，积极践行与贯彻落实社会主义核心价值观，着眼于培养德智体美劳全面发展的创新人才，积极探索高效的"五育"并举之"七尚"综合评价，促进学生全面发展。

一、"全过程"评价理念

刘进、高胜寒、林松月指出，教育大数据的跟踪过程并不只是简单的监视跟踪对象的过程，还是判断目标内容和价值、记录过程、改善结果的过程，是一个采取监控、诊断、评价、完善等多种手段的动态复合过程。[①] 对于小学生"五育"并举之"七尚"综合评价来说，教育大数据的跟踪性指的是运用多种大数据技术，包括采集、挖掘、分析等，把学生学习全过程的所有数据采集下来，然后对全体学生的所有学习行为进行事实判断与价值判断，以达到有效改善学生学习、教师教学的目的。从评价实施的时间和功能两个角度来看，在教学正式开始之前对学生的评价可以应用诊断性评价，其主要目的是了解学生的基本状况和实际水平；在教学过程中，对学生的评价可以应用形成性评价，主要目的是进一步明确学生在学习中的现存和潜在问题，以便采取改进的措施；在教学结束之后，可以应用终结性评价，主要目的是了解学生学习的结果。小学生"五育"并举之"七尚"综合评价贯穿学生整个学习过程，并涵盖监控、诊断、反馈、改进等环节。通过有效应用大数据技术，可以全过程跟踪学生的学习行为，详细记录学生学习的全过程，便于教师第一时间发现学生遇到的学习问题、暴露的学习障碍，进而有针对性地调控教学、评价等过程，不断改进与优化教学和评价环节。

通过挖掘和分析教育大数据，能实现对学习过程的再现。通过网络学习平

---

① 刘进,高胜寒,林松月.从标准化到数据化：基于大数据的大学生学习评价研究方法论转向[J].现代教育技术,2022,32（9）：31-37.

台，学生可以实现对视频课程的快进、暂停、回放等一系列操作，调出其他的视频课程，查找与所学知识相关的学习资料，等等。这些学习行为数据看起来简单，却可以反映学生的学习信息，如学生在学习过程中是否遇到困难，对某些知识点的学习是否存在疑惑，在难点知识的学习中是否可以主动攻克，在学习中选择了哪些学习方法，学习方法是否有效，最终学习结果是否理想，等等。除此之外，通过对大数据技术的应用，还能将学生的课程选择、同伴交往、师生互动、课堂言行、学习反馈等方面的数据有效记录下来，通过对这些数据的汇集与分析，能直观地再现学生的学习过程，使我们发现学生在学习过程中的显著特点。在传统课程教学情境下，随着数据采集设备的不断更新与完善，数据分析技术得到持续进步与发展，也能在一定程度上全面、深入、细致地分析学生的学习过程。

二、"多元性"评价理念

"多元性"评价理念主要体现在两方面：一是评价方法的"多元性"，二是评价主体的"多元性"。

（一）评价方法的"多元性"

1. 评价方法的"多元性"的表现

评价方法也能被理解为评价形式或途径，其指的是了解学生发展的状况和趋势的途径。从内容层面来看，学生发展涵盖的领域比较广泛，是一个具有复杂性、连续性的过程，这也决定了对学生的评价需要采取"多元性"的评价方法。评价方法的"多元性"，在实际评价过程中具体表现为量化评价方法和质性评价方法的有机结合。量化评价方法的优势体现在标准化、简便化、客观性、精确化这四方面，它非常注重指标的细化，以及在细化指标的基础上进行量化，使用频率较高的方法是测验，通过保证测验的难度、信度、区分度、效度，充分发挥量化评价的优势。质性评价方法的优势主要体现在真实性、全面性，常用方法是表现性评价、真实性评价及档案袋评价等方法，其注重观察、分析和描述，通过对学生不容易量化的特征和能力的分析，如学生学习态度、适应能力、情感、团结精神、发现问题的能力、创新意识等，从而体现质性评价的优势。通过有机结合量化评价和质性评价，一方面可以实现对学生学习结果的关注，尝试解答是什么的问题；另一方面，可以实现对学生学习过程的关注，尝试回答为什么的问题，从而准确描述学生各方面能力和素质的发展状况。总之，只有有机结合量化评价和质性评价，才可以真正实现学生评价结果的全面性、科学性、客观性。

2. 基于大数据技术的评价方法的"多元性"

首先，基于大数据的基础用大数据说话，兼顾了量化评价和质性评价方法的优点。通过对大数据平台、设备及系统的应用，能获取自然状态下的学生信息数据，主要包括学习过程数据、学习内容数据、学习方法数据、学习结果数据等。从本质上来看，数据具有量化评价的特征，但是在深层次地挖掘与分析所收集数据的过程中，既要注重结果，也不能忽视过程，在注重量化数据的同时，要关注其他不易被量化的信息数据，对学生发展信息数据的进一步分析与描述，就充分体现了质性评价方法的特征。

其次，大数据技术助推了评价方法的创新。在大数据时代，与传统课堂教学相比，小学生"五育"并举之"七尚"综合评价所需的数据采集方式要有所不同，其需要更加全面、客观的信息数据作为基础，评价方法也与传统方法有所差异。当前阶段，以大数据技术为支撑对学生实施评价，信息数据主要源自线上教育、智能学习终端，再通过与传统课堂学习相关信息数据的有机结合，对学生进行多维度评价。所以，在大数据时代，小学生"五育"并举之"七尚"综合评价数据基础由线上教育数据和传统教育数据共同构成。另外，在评价体系运行过程中，通过应用"不是因果关系，而是相关关系"的大数据思维，强调评价不仅要知其然，知其所以然，更需要知其未然，即评价不仅要关注学生的现状和发展趋势，还需要掌握影响学生发展的因素，以及通过数据反馈对学生下阶段发展趋势进行预测，并提供正确、必要的指导。

（二）评价主体的"多元性"

1. 评价主体的"多元性"的表现

在小学生"五育"并举之"七尚"综合评价体系运行中，参与评价的主体主要包括教师、学生、家长、社会等。只有确保这些主体共同参与评价，才能真正体现评价主体的"多元性"。其中，教师在评价中占据主导地位，在评价中起着举足轻重的作用；学生作为评价的主体，其参与评价是自我学习、自我反思、自我教育的过程；家长对学生进行评价具有开放性、表现性、真实性及低利害性的特征，能拓展学生的评价领域；社会是评价的帮手，社会机构参与学生评价，有助于引导学生形成社会人应当具备的基本价值观念和行为。

2. 基于大数据技术的评价方法的"多元性"

首先，基于大数据技术的应用，在为教师评价学生提供便利之余，还能实现"量化自我"，为学生自我评价提供帮助。随着传感器网络、可穿戴技术、智能学习终端的出现和发展，作为教育数据"生产者"的学生，能获取与自身学习行为相关的一切数据。基于此，使"量化自我"成为可能。所谓"量化自我"，指的是通过多种大数据技术手段，如数据收集、数据相关性、交叉引用分析及数据可视化等，得到与个人生活相关的多方面数据，包括生理吸收、身心表现及当下状态等，这又被称为"自我追踪"。在教育领域，通过量化自我，受教育者不需要有意识地关注数据获取过程，就能便捷、有效地收集个人数据，使受教育者注意力保持高度集中，自然地参加学习活动，进而客观、公正地分析个人数据，并不断反思，实现对个人学习想法、习惯、行为的再认识。在学生的自我评价中，量化自我发挥着重要的作用。

其次，进入大数据时代之后，微课程、翻转课堂、慕课（MOOC）的应用范围迅速拓展，影响力不断增强，随之产生了海量的教育数据，但这些数据分布的区域比较广，除了存储在学校数据系统中，还可能被市场化的教育培训企业获得。这就意味着在小学生"五育"并举之"七尚"综合评价中，第三方评价机构扮演着非常重要的角色。具有良好资质的第三方评价机构，其在掌握学生教育数据的前提下，能服务于学校、教师、学生、家长等主体的多样化需求。

三、"实测性"评价理念

小学生"五育"并举之"七尚"综合评价的"实测性"理念，主要体现在以下两点，如图 5-1 所示。

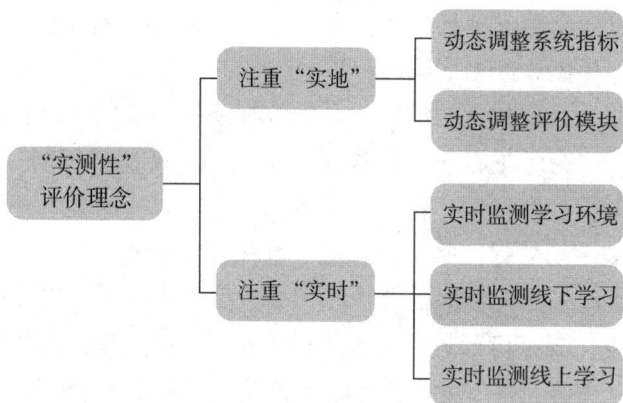

图 5-1 "实测性"评价理念的内涵

第一,注重"实地",坚持因地制宜原则实施有计划的评价活动,支持学校特色评价设计的内容。同时,利用互联网、大数据分析手段及云计算,构建学生综合素质评价系统,采取"动态量化"措施。一方面,根据实际情况动态调整系统指标,运用多种量化手段,帮助用户因地制宜地进行评价,为教育教学的高效开展提供指导;另一方面,动态调整评价模块,以更好地服务于学校的发展。该系统可以统计分析学生在学习中的行为,并以多种多样的图表形式直观地呈现数据分析结果,让数据变得更加清晰明了。

第二,注重"实时",其主要体现在以下三方面。首先,对学习环境的实时监测。通过对物联网技术的应用,能实现对教学环境的实时监测,这里所指的教学环境不只包括教室环境,还包括自然环境。物联网技术可以监测的环境因素有很多,如教室环境、环境温度、室内灯光亮度及二氧化碳浓度等,这些都能作为学习环境大数据的重要数据来源,有利于人们据此调整相关类目,为师生营造积极健康的环境,以保证教师更好地教学、学生更好地学习。此外,物联网技术还能采集室外学习环境的数据,如野外植物生长环境等,这有助于学生进行多模态学习,对学生发散思维、创新能力的形成具有重要意义。

其次,对线下学习的实时监测。基于手机、平板等移动终端技术的支撑,可以实现对线下教学的实时监控,使教师的评价更加简单便捷,因为教师不再需要现场观摩,只需要线上观看、记录、评价整节课的内容即可。而且,通过对学生课堂学习中学习行为的监测,如听课坐姿、写字姿势等,自动生成评定结果报告,并及时通过无线网络反馈给教师,可以增强教师对学生课堂学习表现的了解。另外，基于大数据技术实时监测学生长期的学习过程，能自动生成一个预测性分析。比如，在数据采集建模分析的基础上，其能了解某学生对知识点的掌握情况，为了及时补救该学生的学习缺陷，它会对该学生下一阶段的学习进行预测，推动学生的个性化学习，提升学生学习过程的高效性。

最后，对线上学习的实时监测。线上学习是一种学生借助网络端或电子媒介自主学习的学习方式，其可以分为两种不同的形式。第一种是同步教学，这种形式与传统教学具有相似性，均为教师为学生讲解知识，但不同的是，师生之间需要以音频、视频等多媒体工具作为桥梁，以实现师生之间的实时互动。第二种是异步教学，指的是教师将教学资源提前发布在网络上，学生随时随地都能阅览学习。大多数情况下，学生的身体姿势、面部表情这两方面的表现可以折射出线上学习的专注度情况，当学生面部表情比较呆滞时，就表明他们的注意力有所分散；当学生表情突然疑惑不解时，就表明他们对知识点理解不清。通常情况下，当学生面带微笑、精神饱满时，表明学生在线上学习中注意力集中、对知识点掌握较为良好。另外，学生的眼动行为的背后往往隐藏着大量信息，在做题、查看图片、文本阅读等情况下，学生的眼动运动频率、眼动范围的特点是不同的。因此，通过对学生在线上学习过程中的身体姿势、眼球运动、面部表情三方面数据的实时监测，能使我们掌握学生的学习状态和学习行为。

第二节　数据的采集

随着大数据技术在教育领域的大范围应用，学生德智体美劳等方面的相关数据变得更加翔实准确，学生每个阶段的学习和成长轨迹都能得到有效的储存与调用，为学生评价的动态化、全面性、科学性提供了可能性。

一、数据的来源、分类和特点

（一）数据的来源

在日常教学过程中，数据无处不在，比如课堂教学中知识点的教学；学生习题解答情况；学生课后作业的完成情况；考试成绩统计信息；考试试题分析报告等，这些情境中都蕴含着大量有价值的数据。小学生"五育"并举之"七尚"综合评价数据源于学生日常生活与学习，主要包括课前预习的前置测评数据、课堂随堂练习数据、课后常规练习数据、阶段性测验数据、线上学习数据等。要想采集小学生"五育"并举之"七尚"综合评价数据，首先要认识大数据背景下哪些方面与传统模式相同，哪些方面有别于传统模式。比如，与传统模式相同的是，教师批改作业仍然在纸质练习单上进行，但是需要在完成作业批改环节之后，通过扫描仪扫描作业，将相关数据录入相关数据分析系统。与传统模式不同的是，教师在准备学习资料时，在精心选择相关习题的同时，要有意识地建立习题与知识点之间的联系，即给习题标注"知识点数字标签"。

（二）数据的分类

按照数据层次的不同，我们可以将数据分成基础数据、分析统计数据两大类。所谓基础数据，指的是对学生练习、作业等进行批改并录入系统的数据，主要包括学生练习的易错点、出错率等，通过系统自动采集数据，能切实减轻教师的工作负担。基础数据成功收录到系统之后，系统能进一步处理这些基础数据，并生成分析统计数据。比如，系统会根据学生的练习情况，提供所有练习的班级统计报告、年级统计报告；通过统计学生练习的错题，提供错题报告；通过分析学生练习质量发生的变化，提供成绩趋势报告；通过统计分析练习的知识点数字标签，生成学生知识薄弱点反馈报告，以及班级知识点掌握情况报告；通过分析学生在各个学科学业的表现，提供学科等级对比报告；等等。

按照生成阶段的不同，我们可以将数据分为三大类，分别为基于预学习的前置性测评数据、基于日常练习的课后测评数据以及基于阶段性检测的测评数据。其中，基于预学习的前置性测评数据，指的是学生完成对预学习资料的学习之后，通过对学生完成情况进行前置性测评，了解学生对预习知识点的掌握程度，这为新知识的教学提供了重要参考。基于日常练习的课后测评数据，指的是学生一天的课程学习结束后，通过完成一定的课后练习，以评估学生对课上所学内容的掌握情况，这为教师评价课堂教学效果提供了参考。基于阶段性检测的测评数据，指的是学生完成一定阶段的学习之后，通过进行阶段性测验，以评估学生知识基础以及能力生成情况，这为教师评价阶段性教学效果提供了参考。

按照功用的不同，我们可以将数据分为三大类，分别为学校整体数据、班级整体数据及学生个体数据。系统完成对基础数据的分析之后，会迅速生成多个维度的数据分析报告，以供教学管理者、教师、学生及家长查看。学校整体数据主要是对不同年级、不同学科学生学情信息的反映，教学管理者可以根据这些数据，全方位、及时地掌握各个年级、各个学科成绩的动态变化，并第一时间介入管理有问题的班级。根据这些数据，教育管理者还能了解各个年级、各个学科学生学业负担情况，为"双减"政策的有效落地提供重要的参考依据。班级整体数据主要是对某一班级各个学科学生学习情况的反映，班主任通过这些数据能进一步明确本班的优势学科、劣势学科，并有重点地做出相应的教学调整。同时，这一数据能反映某学科的不同班级的学生学习情况，主要包括学业等级分布、学业发展趋势、学生对整体知识点的掌握等方面的情况，通过对这些数据的分析，能帮助备课组、教研组从整体上评估本学科的教学情况，并对教学策略做出针对性的调整。学生个体数据主要是对学生各方面发展情况的反映，有助于学生与教师对学生学业表现、品德水平、健康水平等方面的了解，及时发现问题并调整学习状态。个体数据可以清晰地呈现学生知识与能力生成情况，为教师准确地了解学生问题来源提供依据，以便教师采取及时干预措施。

（三）数据的特点

学生数据主要具备三个显著特点，如图 5-2 所示。首先是时效性。学生"五育"评价数据源自学生的日常生活和学习，其是以教学日为周期进行采集的，不会给学生带来格外的学业负担。传统测评的数据以阶段性数据为主，而大数据时代下的数据以过程性数据为主，具有较强的时效性，能实时反映学生在每个教学日的生活与学习情况。同时，基于动态数据的变化，能建立完整的学生德智体美劳等方面的发展趋势图。

其次是完整性。学生"五育"评价所采集的数据更加完整与丰富，它能从多维度、多层次反映学生德智体美劳等方面的发展状况。除了最基础的得分数据，系统还会自动生成各项分析报告数据，这些数据涵盖学生全面发展的各个层面，能为教育管理者、教师、学生及家长提供决策依据。

最后是针对性。传统测评数据专注于整体平均情况，不能落实到个人。但是基于大数据技术支持下的数据采集，其不仅能反映整体情况，还能充分体现每位学生的学情特点，甚至可以体现每位学生在各个阶段暴露的具体问题，能显著提升数据应用的针对性。

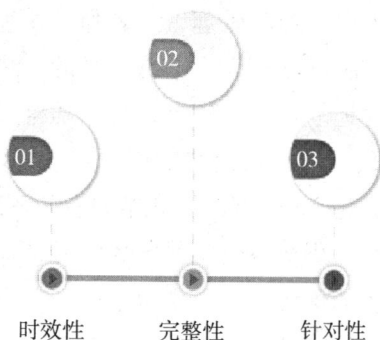

图 5-2　学生数据的特点

二、数据采集的手段

在大数据时代，对学生评价数据的采集主要来自各类资源平台、各级管理系统、各类测评系统等现有软件系统。近年来，可穿戴设备、地理位置服务的普及程度逐渐提升，积极探索移动设备、运动感知设备等作为数据采集装备，形成了多样化的数据采集手段，这有助于加强数据采集的深度与广度。下面详细介绍数据采集的手段，如图 5-3 所示。

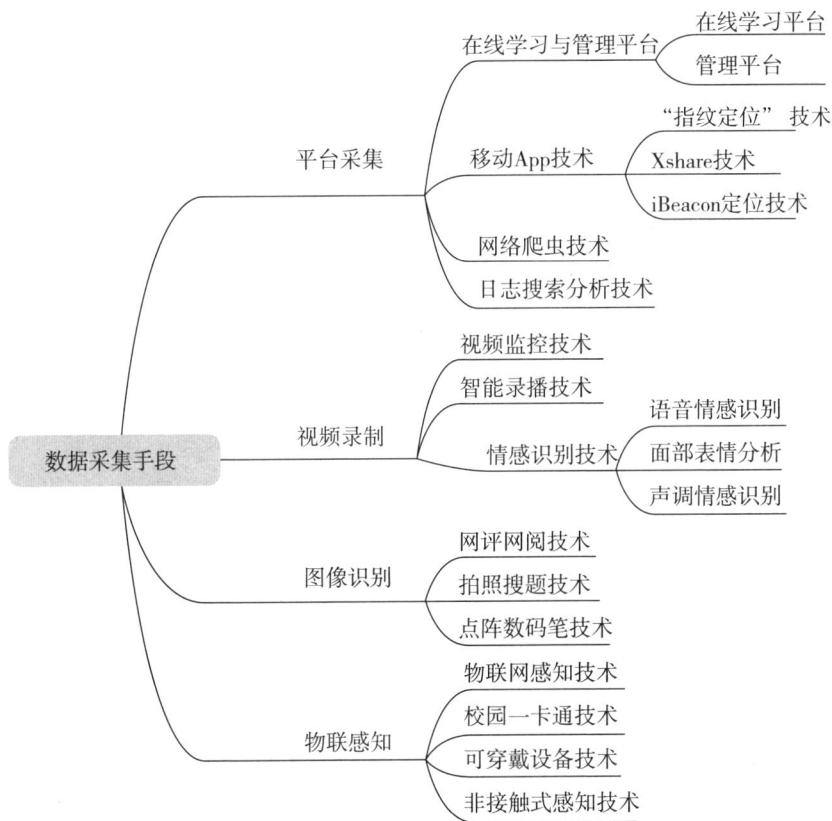

图 5-3　收据采集的手段

（一）平台采集

通过平台采集数据的主要途径有四种，分别为在线学习与管理平台、移动手机软件（App）技术、网络爬虫技术以及日志搜索分析技术。

1. 在线学习与管理平台

通过在线学习与管理平台，我们能得到大部分依靠网络实施教学和管理活动所产生的数据。

（1）在线学习平台。这一平台可以采集教学过程中生成的所有数据，并具备以下四种功能。

①它能为每位学习者提供有针对性的学习方案，还能及时发现并提出学习者在学习中存在的问题。

②它能有效记录学习者的学习内容、学习方法和学习成果等信息，并自动

生成电子学习档案,为学生回顾、总结知识提供帮助。

③它能借助数据可视化技术,将学生各方面情况直观地呈现给教师和家长。

④它能高效率采集与处理课堂学习过程中的数据并及时反馈给教师,在变革传统教学方式的同时,丰富学生获取知识的途径。

(2)管理平台。管理平台即对校园中的各项数据,如学籍信息、学校各部门的管理信息等进行收集与管理。大部分学校在构建自己的管理系统时,使用的管理软件都是独立的数据管理系统,学校之间无法实现信息共享,容易形成信息孤岛现象。因此,学校之间通过管理平台进行数据共享,能有效提高文件的管理效率,统一数据的记录形式,防止信息碎片化的产生,保证信息化管理水平的提高。

2. 移动 App 技术

近年来,手机用户数量以持续上升的态势增加,手机 App 在学生生活中扮演着非常重要的角色。其中,校园 App 具有比较好的发展前景,在市场中占有一席之地,其对学校管理工作、学校教学工作、学生发展等方面起着重要作用。教育管理者、教师、学生等人可以通过校园 App,构建本校大数据分析系统,将每位学生各方面的发展状况记录下来。对于学生来说,通过合理地应用学习类移动 App,能与教师和同学进行线上互动。与此同时,利用这些手机 App,还能定位采集学生的学习地点、学习时间等相关信息,进而根据学生特性实施差异化教学,生成切实可行的学生行为管理方案。在移动 App 技术中,终端识别技术是一项非常关键的技术,其主要可以分为以下三种。

①"指纹定位"技术,这项技术的核心是根据移动 App 中的信号"指纹",对使用者所处位置作出判断。这种定位方法具有一定的局限性,如果使用面积比较大,会导致定位结果存在一定偏差。

②Xshare 技术,它是一款大屏幕无线分享传输器,这项技术的核心是接入多个房间的智能馈线,对用户所在位置进行定位。这种定位方式更适用于学生宿舍。

③必肯(iBeacon)定位技术,使用这项技术进行定位可以将精度精确到大约 1 米。[1]

---

① 杨铁军.产业专利分析报告:移动互联网:第 31 册 [M].北京:知识产权出版社,2015:420.

3. 网络爬虫技术

通过应用爬虫技术，我们能有效抓取网页信息的脚本或者比较完整的程序，之后将抓取网页中的数据转存至本地，为后续数据的分析与处理奠定基础。依托爬虫技术，我们能全面采集教育网络产生的数据，通过对学生在网络上的学习、互动等相关数据进行分析并构建动态模型，有助于教师了解学生的思想状态，有利于教师对学生进行针对性心理辅导。

4. 日志搜索分析技术

搜索日志是对用户在互联网上做出一切搜索行为的详细记录。通过了解用户的搜索行为，我们能了解其上网习惯和兴趣爱好。因此，在教育领域，借助日志搜索分析技术可以帮助学校更好地管理设备，详细地记录每台设备的运行情况以及出现故障的原因等，并及时优化与更新设备，及时预测危险情况。同时，这项技术可以将学生在学习系统中的各项数据有效地记录下来，包括学习时长、学习历史及互动频率等，有助于教师了解学生的问题，找到针对性的解决措施，不断提升教学能力和办学质量。

（二）视频录制

通常来讲，视频录制技术可以分为三种技术，第一种是视频监控技术，主要用于对校园环境数据的采集；第二种是智能录播技术，主要用于对课堂教学数据的采集；第三种是情感识别技术，主要用于对学生情绪数据的采集。

1. 视频监控技术

为了实时掌握校园整体环境，学校可以构建校园安全监控系统，将监控设施安装在可能发生状况的位置。根据已有的监控信息，系统可以预测校园中缺乏安全性的位置，以便学校加强管理。同时，视频监控技术还能实现对各个班级情况的全面实时监控，为在校师生的安全提供保障。

2. 智能录播技术

在教育领域引入智能录播技术，能将课程视频录制下来，并用来进行教学直播。通过这种课程录制方式，不仅能打破不同地区教育资源的壁垒，还能为全国不同地区教师的学术交流提供有效平台，促进师生的共同进步。智能录播系统的功能主要体现在以下九方面。

（1）它能将教学过程转化为可视化的数字信息，并在网络上进行教学直播，让学校与家庭共享高质量教育资源。

（2）它能将课堂教学授课过程录制下来，不断丰富学校优质教学资源，或者用于优秀课件的制作。

（3）它能在网络上发布教学课件资源，满足学生课余时间通过网络自主学习的需要。

（4）它能实施互动式教学；激发学生学习的兴趣，拓展学生的视野。

（5）它能实现校长远程评估考核。

（6）它能实现远程观摩。

（7）它能开展同课异构远程教研活动。

（8）它能实现学校会议直播。

（9）利用它能建设微格教室。

3.情感识别技术

情感识别技术是通过对用户的语音文字、面部表情、声音声调三方面数据的采集，分析学生的情感状态。这些数据可以帮助教育者调整自己的教学进度，改变自己的教学方式，以追求教学效果的最优化。

（1）语音情感识别。通过视频录制的方式，不仅能采集学生在学习过程中的面部表情，还能采集师生在教学中的各种语音数据。根据语音数据能识别教师在教学以及学生在学习过程中的情感。人类具有根据语音分析识别情感的能力，这是因为人脑中具备可以处理和分析语音信息中所蕴含情感的能力的模块。而当人类赋予计算机根据语音信息识别情感的能力时，计算机就能分析与处理获取的语音信息，并从中提取能代表情感的声学特征，将其与人类情感之间建立联系，完成对人类表达与获取的情感状态变化的模拟。从一定程度上来看，计算机情感智能依赖于这种计算机的语音情感识别能力。

（2）面部表情分析。分析学生的面部表情通常可以采取三种方法。第一种是根据面部几何结构识别其表情，这种方法主要是通过定位学生的眉毛、眼睛、嘴巴等12个特征点，采集相关信息，确定学生表情的各种特征，经过比对之后进行打分，最终确定表情分类。第二种是基于学生面部整体特征对其进行表情识别，这种方法主要是通过分析人脸图像整体结构，从中提取可以反映人脸整体表情的特征。[①]该方法的优势在于保证提取特征点的准确度，可以完

---

① 申时凯，佘玉梅.我国现代化教育大数据应用技术与实践研究[M].长春：吉林大学出版社，2019：76.

整地保存人脸信息。第三种是基于模型构建的表情识别方法。这种方法主要是通过建立卷积神经网络模型,并裁剪、翻转、归一化处理人脸,再借助双线内插值算法,实现对一切图像碎片的重塑。

(3)声调情感识别。通常情况下,在共振峰构造、振幅构造、时间构造及基频构造等特征方面,不同声音声调所发出的信号有着不一样的分布规律和构造特点。借助情感识别技术,我们能测算和分析不同声音声调的表情,并根据不同声音声调对应的特点和分布规律,辨别其中隐含的情感内容。

(三)图像识别

图像识别技术是指在划分实验图像类别的基础上,从中提取图中的重要特征,最终完成对图像的识别。图像识别技术在教育行业主要有以下三个运用场景。

1. 网评网阅技术

依托网评网阅技术,我们能获取学生学习成果数据。传统的人工阅卷形式存在诸多弊端,如评卷速度慢、效率低,分数录入、统计任务量大等,而且通过人工批阅方式得到的成绩只能呈现每位学生的最终得分,难以清晰明了地反映学生的成绩分布,这对教学质量的优化产生了不利影响。随着计算机行业、大数据技术的普及与发展,网上阅卷平台应运而生,并迅速在全国范围内逐步推广普及。

网评网阅技术的应用,可以提升试卷批阅的公平性、准确性、高效性。在现有的网上阅卷软件中,系统会自动隐藏考生的个人信息,让阅卷人公平、公正地打分。与此同时,系统可以在后台自动形成成绩分析报告,阅卷人高效地完成阅卷任务之后,就能根据报告中的数据有针对性地调整教学方案,将节省的时间用于教学质量的改进上。

2. 拍照搜题技术

拍照搜题技术是辅助学生学习的重要工具,依托拍照搜题技术,不仅能帮助学生高效地完成作业,还能反馈学生的作业情况。首先,学生需要通过相机拍摄需要查询的题目,并将照片上传至系统中,系统会从题库中搜索与之相关的题目,最后挑选出匹配度最高的题目,并将答案提供给学生。同时,学生上传的所有题目也会被当作新数据储存到题库中,作为学生的学习行为被记录到学习轨迹中。在基础教育资源配置有所失衡的今天,拍照搜题技术的出现与应用，可以帮助有需要的学生通过互联网获得高质量的教育资源。同时，这项技术还能帮助教师了解每位学生学习的薄弱点，有利于教师实施有针对性的教学，从而有效落实"因材施教"。

3.点阵数码笔技术

依托点阵数码笔技术，可以获取学生课后作业和随堂练习成绩。点阵数码笔的前端配置了一个高速摄像头，可以捕获数码笔在书写过程中的运动轨迹，并将捕获的信息转化为文字、图片等方式传入特定的数据处理器中，最终形成记录文档。这项技术在教育领域中主要用于对学生课程笔记、课堂测验以及作业进行收集，借助笔迹识别技术能自动完成大部分题目的批改，同时形成详细、简洁的具有针对性的分析报告，能帮助学生找到提高自己学习成绩的突破点。

点阵数码笔技术成为很多软件的核心硬件设施，主要包括 DoTnote、Symphony 等。其中，DoTnote 的功能主要包括存储教师授课过程中书写的课堂板书、管理学生课后作业等。Symphony 可以将数码笔记录的学生学习结果及时上传并更新至教师电脑中，帮助教师了解学生的写作内容，这有效突破了传统讲授方式的局限性，使教师可以根据 Symphony 反馈的数据对讲授内容做出调整，以实现对教学质量的改进。

（四）物联感知

物联网感知技术主要由四种技术构成，第一种是物联网感知技术，主要用途是采集校园设施数据；第二种是校园一卡通技术，主要用途是采集校园行为数据；第三种是可穿戴设备技术，主要用途是采集个体行为数据；第四种是非接触式感知技术，主要用途是分析学生行为情感。

1.物联网感知技术

将物联网感知技术引入教育领域，可以实现对校园设施各项基础设施的采集，通过传感器能获得实验地点的环境参数，通过电子标签准确标记测得的数据。然后，系统会将这些数据上传至存储中心做好储存工作，并运用特定的分析技术进行分析，从而远程智能控制校园中的各项基础设施。

2.校园一卡通技术

随着信息技术的不断发展，学校管理理念也发生了翻天覆地的变化，校园一卡通在学校的推广已成为必然，它具有统一的身份认证、校园活动等功能，现已成为大多数小学必备的常用工具，为小学生的生活和学习带来了极大的便利。校园一卡通与小学生校园生活存在着千丝万缕的联系，所以它产生的活动数据包含面非常广泛，主要包括图书馆借阅记录、出入校园记录、评价中介等数据。部分小学的校园一卡通还绑定了当地的轨道交通系统，不仅丰富了学生的生活和学习，还能为人们提供大量的数据。另外，这些数据对城市交通系统的规划提供了一定的参考。校园一卡通依托校园网，能统一整理学生各项行为数据，促进了数据的共享与应用。随着时间的推移，校园网内的数据量会越来越大，很容易出现数据的混乱，增大数据整理的难度。而随着校园一卡通这种集成系统的出现与应用，使数据混乱的问题迎刃而解。

3. 可穿戴设备技术

可穿戴设备指的是包含无线通信、传感器、多媒体等技术的可穿戴装备，它可以实现对数据的自动采集与分析，并与环境进行交互。可穿戴技术在数据采集方面主要具备以下四点优势。

（1）采集学生行为数据并生成分析报告。基于可穿戴设备技术，师生可以获得教学过程产生的实时数据，主要包括学生专注度、学生提问以及疑难点等，通过对这些数据的分析，教师可以明确课堂教学的改进方向，更有针对性地提升学生学习能力。另外，该技术还可以采集音视频、概念等数据。其中，音频数据可以反映与课堂学习无关的声音对学生学习情况造成的影响；视频数据是教师佩戴包含这项技术的智能眼镜录制课堂授课过程；概念数据指的是学生出勤情况、教师知识点讲解的日期与时间、课堂问答时间等数据。

（2）改进知识交换方式，构建知识结构。通过可穿戴设备技术，学生能根据自己的实时学习情况控制 PPT 的演示速度，这有利于学生对知识的理解与掌握。同时，通过可穿戴设备，我们可以采集学生讨论、实验的数据，并经过分析与处理，向教师及时反馈结果，这有助于教师的教学革新。而学生也能根据反馈的数据找到自己有待改进的地方，有针对性地提升自己，达到教学相长的效果。另外，在知识普及和知识体系的构建中，可穿戴设备也发挥着重要的作用，在学生观察物体的过程中，其所穿戴的智能眼镜可以将物体信息呈现在屏幕上，有助于学生增长知识。

（3）运用深度挖掘技术，高效处理课堂数据，并根据分析结果提供个体差异化教学。通过对依托传感器、摄像头、心电图检测设备、收音器等可穿戴设备获取的数据进行深层次挖掘与分析，我们能了解学生在课堂学习过程中的情绪变化，如遇到高难度问题、被提问等情况时的心率变化，进而帮助教师掌握学生情绪变化的规律，更好地实施个性化教学。

（4）反馈教学评价报告，辅助教师教学。在具有人脸识别功能的智能眼镜的辅助下，教师可以通过智能眼镜的拍照功能，与后台数据进行对比，快速掌握学生的出勤情况。同时，部分可穿戴设备可以记录学生的课堂问答、考试成绩等方面的数据，教师可以根据这些数据直观地了解学生在学习中的各方面情况，并进行客观公正的评价，根据评价结果找到学生在学习中存在的问题，并制定可行性的解决方案。除此之外，可穿戴技术能将学生观察某一问题的时间准确记录下来，如果学生观察时间比较长，则可以判断学生对这一问题所包含的知识点比较生疏。由此，教师可以帮助学生着重学习相关知识点，以帮助学生解决自身的疑惑点；学生也能通过对自己学习行为报告的查看，及时查缺补漏，使自身更快进步。

4. 非接触式感知技术

非接触式感知技术指的是在不借助可穿戴设备的前提下，记录学生个体的情绪变化、生命体征，为学生整体状况的评价提供重要的数据，这对于学生的身体健康来说十分重要。

随着科技的不断发展，非接触式测量技术的发展不断趋于成熟，这项技术的应用领域并不局限于医疗行业，在教育行业也有着广阔的应用前景。非接触感知技术主要包括三种，一是基于图像的感知（摄像头）；二是运用 Wi-Fi 信号的感知；三是基于雷达信号的感知。

非接触式感知技术不仅能识别学生学习行为，还能通过对个体数据的深度挖掘，快速获取学生的健康报告，科学分析学生的情感在不同学习阶段出现的变化，教师通过对照上课进度，可以了解学生对不同知识点的掌握情况，有利于自己制定针对性教学方案。

三、数据自动采集的案例

近年来，互联网环境建设水平持续性提升，诸多教育领域生成了大量的学生行为数据和结果数据，比较有代表性的有研究性学习、学生慕课学习、学生作业、学生阅读等，现在已经形成了相对比较成熟的系统或平台，实现了对学生数据的高效率自动化采集，为小学生"五育"并举之"七尚"综合评价的运行奠定了基础。

（一）研究性学习数据的自动采集——MOORS

研究型课程自适应学习平台简称 MOORS。作为一款辅助研究型课程实施智能化学习平台，它的主要目的在于组织和引导学生自主探究学习。该平台紧紧围绕学生的研究兴趣和个性特长，通过对人工智能、大数据学习分析技术的系统应用，使研究性学习的评价问题得到有效解决。

MOORS 原意是大规模在线开放研究性学习系统，是一款在专家系统技术支撑下运行的研究性学习教育辅助软件，还是项目式学习、翻转课堂等创新教学方法以及综合实践活动的落地支撑应用。MOORS 以互联网为底层架构，基于网络编程技术，再由大中小企业、社区、教育机构等创设课程，发布多样化、层次性、开放性的研究任务。该平台为学习者构建了真实情境，并引导学习者参与模块化的任务研究、实证调查，探索实际问题的解决策略。

从本质上来看，MOORS 属于慕课的一种，确切地说它是对微课的补充、延续和创新，依旧具有在线、公开、免费的特性。与其他在线教育资源不同的是，MOORS 更关注学习者的切身体验及实际应用，而且重视研究的重要性。研究实现，MOORS 的主要目的在于为不同国家的学习者提供优质、具有真实情境的应用型项目，使学生、社区公民、研究团队等不同群体之间形成新型联结关系。

教育的自然进程应该是一个由知识学习向科学研究过渡的过程，但这对于部分学习者来说，是一个难度较高的跨度，特别是偏远地区的学习者。而 MOORS 的出现与应用为这个过渡提供了更大的可能性。基于 MOORS 的支持，不同国家的学习者可以通过网络汇集起来，围绕相关问题展开交流与研究，为学生从学习过渡到研究开辟了新的渠道，促使教学重点也不再是以往知识的复制传播，而是转变为问题的提出与解决。因此，MOORS 的应用与发展，可以大大提升在线学习的学习结果。

MOORS 系统进行工作总共分为七个步骤，第一步是注册登记，进行识别分析；第二步是创设特异情境，使学习者感受困惑，设置个性化教学计划；第三步是问题井喷，通过对学生和问题特质的分析，再通过方法引领，有效激发学生积极探索；第四步是学习者选择问题，生成相关课题，进而获得系统的指引及方法和案例的示范；第五步是假设猜想，设计方案；第六步是有目的地进行研究；第七步是对猜想的真伪进行验证，证实猜想不仅是在解决问题，也是对第三步的回答，证伪猜想之后需要再次返回第五步拟定新的方案。

MOORS 能准确迅速、面面俱到、高效率地进行工作，解决实际问题，突破时间与空间的制约，为世界各地的学习者推广宝贵的专家知识和经验，助力教育长足发展，共享高质量教育资源，这不仅标志着教育现代化的发展，也是我国教育可持续发展的重要基础设施。

MOORS 在小学生"五育"并举之"七尚"综合评价中的应用，不仅能帮助学生改善自身的学习方式，还能促进综合实践活动的有效管理和评价，推动课程的顺利实施。同时，其还能自动收集和整理学生各方面的成长数据，为人们及时发现教育教学规律提供有力的数据支持。另外，MOORS 的有效应用，为学生综合评价系统积累学生创造发明、课题研究的过程性数据起到了重要作用。研究性学习过程性数据作为学生成长数据不可或缺的一部分，理应成为学生"五育"并举之"七尚"综合评价数据的重要组成内容。

（二）在线学习数据的自动采集——MOOC

慕课简称 MOOC，是一个大规模开放式网络课程。慕课平台以教育统一身份认证为入口，打破了信息化平台孤岛数据的壁垒，以学生实际发展需求为切入点，构建具体、科学的指标体系，采集学生在学习过程中的各种行为数据，并基于大数据进行学习分析，汇集学生在线学习行为数据和结果数据，为学校对学生成长进行全面客观的评价提供了技术支撑。同时，慕课平台的应用，有助于学校发现学生的天赋，能为"五育"并举之"七尚"综合评价提供辅助作用。

1.平台指标维度和功能支撑

慕课平台对学生非正式学习情境下在线学习行为数据和学习结果数据的采集，主要从以下四个维度入手，如表5-1所示。

表5-1 慕课平台数据采集维度分类

评价视角	平台获取属性
学习兴趣	登录次数
	登录时间
	课程类别分布
	选课学校分布
	登录时段

续　表

评价视角	平台获取属性
坚持精神	观看次数
	回看与停顿次数
	观看课程的连续性
	课程完成率
合作精神与网络行为规范	回答同学问题的态度与频次
	回答问题的情况
	回答问题过程中对他人是否尊重
自学能力	问题讨论过程中的回答情况
	自测练习的质量
	师生互动中的提问与回答质量
	回答开放性问题的深度、批判与质疑精神
	学生提问的聚焦性
	对拓展资源的学习和课后反馈

从功能层面来看，慕课平台从不同维度和角度出发，完成了对学生数据的统计，支持用户自定义统计和数据挖掘，具体功能需要主要表现在以下七方面。

（1）市级层面能查看每所学校的数据统计和分析报表，并进行逐级穿透，最终看到每位学生的个人情况统计。

（2）学校能查看自己学校的数据统计与分析报表，并逐级穿透，最终看到每位学生的个人情况统计。

（3）学校可以查看本校各种数据信息，如课程汇总数据、学生学习排名、课程学习数据等。

（4）课程统计的数据内容比较广泛，包括学生选课范围分布、课程的热度、学生时间分布、学生学习方式、课程参与度、学生课程学习完成率等。

（5）从学生的维度看，其能统计他们的选课情况、学习兴趣、讨论参与度等数据内容。

（6）支持对比类统计，可以用线图、柱状图等方式呈现出来。

（7）提供对每一位学生学习过程的数据挖掘，如学生的学习时段、学习方式、学习反馈、学习行为等，通过对这些数据的挖掘分析，能使人们了解学生各方面的情况。

2. 数据指标采集维度

教育部于2022年3月29日召开的新闻发布会中报道，截至2022年2月底，我国上线慕课的总数量超过5万门，选课人次近8亿，在校生获得慕课学分人次超过3亿，慕课数量和学习人数均居世界第一，并保持快速增长的态势。而且，慕课平台的开课学校也不断增加，课程内容涉及语言文学、社会科学、数学、艺术、综合实践、自然科学、技术等领域。根据学生在慕课平台自主学习过程中的表现，梳理学生在线学习的学习品质、思维品质、学习成果等不同维度的数据采集标准，可以为学生评价提供有力数据。

（三）作业数据的自动采集

学生作业的完成过程存在着很多学生学习的数据，通过这些数据，我们不仅能了解学生学习的努力程度和达成度，还能分析学生的学习能力倾向和学习潜力，这对学生数字画像的形成具有重要的价值。目前，很多优秀的作业批改平台都非常关注作业数据的采集。下面，以批改网为例，介绍如何通过作业采集学生成长大数据。

批改网于2010年正式上线，是一款基于云计算的英语作文自动批改在线服务系统。英语写作是小学英语教学的重要组成部分，其能综合调动学生的逻辑组织能力和表达能力，而且学生英语写作水平的高低，还反映了学生对词汇量和语法知识的掌握情况。通过对采集的英语写作数据的分析，能全方位、立体化呈现学生的英语能力表现，这对教学策略的调整具有重要意义。当学生成功提交英语作文之后，该系统可以快速生成批示结果，包括对语法错误、亮点表示、学习提示的点评，以及从不同维度出发给出的作文分数和评语等内容。批改网不仅能快速完成对作文的批改，还能为教师英语写作教学提供数据分析支撑，为平时英语教学的开展提供有效的反馈和指导。

1. 采集多维数据反馈日常教学

通过该系统对学生作文数据的采集与诊断，能帮助教师全方位了解学生的写作状况。通过对不同对比范围、不同长度的时间轴的调整，可以挖掘并碰撞出更高的数据价值。

该系统会从不同维度入手，采集并记录学生作文的真实数据，主要包括词汇、句子、语法、篇章、自主学习等，通过对这些维度进行标准量化，进而展示一篇作文的综合写作表现。从不同阶段、不同层级入手，对这些数据的变化进行分析，能使我们直观地了解学生写作能力的差异和成长，为教师掌握学生写作表现提供数据支撑，以便教师找到日后教学的侧重点和关键点。

2. 采集"百万"数据体现大数据价值

目前，该系统已累计批改作文几亿篇，庞大的作文数据构成的英语学习者语料库实现了大中小学全覆盖，不仅能帮助学习者走出英语写作的困境，还能创造更大的语言研究价值。批改网每年都作为承办方组织丰富的英文写作活动，借此机会其不仅能获取学生对热点话题的看法与感受，还能发布同题写作数据报告，深入解剖和分析同题写作数据，展示学生的写作表现，树立同题写作标准。通过对比全国同一学段学生的写作数据，可以让学校教师和学生清晰地了解本校与全国普遍数据表现之间存在的差距。

3. 采集实时数据点燃翻转课堂

该系统将采集的实时写作数据与平时授课场景结合到一起，能构建实时数据互动英语课堂模式，即智慧课堂。智慧课堂集同写、共评、分学多环节于一体，实时展现学生的写作数据，制定个性化的学习内容，营造生动活泼的课堂氛围，受到了广大师生的一致好评。同写、共评、分学各环节特点如表5-2所示。

表5-2　智慧课堂各环节特点

智慧课堂环节	特　点
同写	①教师布置题目，提供指导；②学生当堂答题，一同写作；③数据实时分析，同步展示
共评	打分：对同学作文进行打分，思考作文要点
	画词：画选好词，取人之长为己用
	润色：润色修改，好作文是改出来的
	优化：优化内容，提高熟悉度
分学	①根据班级整体数据，指导教学；②根据学生个性数据，因材施教

在智慧课堂上，每位学生手中都有一台能连接网络的平板电脑，在教师布置完作文题目后，学生需要借助平板电脑完成作文习作任务。在学生写作的同时，智慧课堂系统会对每位学生的多元数据进行实时统计，包括用词统计、错误统计、作文分数及分数排名等，并同步呈现在大屏幕上，使课堂写作数据可视化。

通过运用该系统，不同学生之间可以相互评分，对同学的作文进行优化、润色、画词等，并在课程结束之前为学生制定个性化分学内容。优化内容，可以提高熟悉度；润色修改，可以优人之作化为已用；画选好词，可以取人之长为已用。在分学环节，每位学生都会获得一份详细的专属分学报告，报告内容主要包括学生在整个课堂学习中的表现，作文数据分析、个性化学习内容推荐，以确保每位学生都能参与学习，并有所收获与进步。

在学生学习过程中，能动性和参与感是两个非常重要的因素，智慧课堂将学生置于课堂主体地位，通过充分发挥所采集的数据的作用，使课堂真正实现了"翻转"。智慧课堂是传统课堂与现代技术深度结合的产物，它解锁了数据更多的身份，使数据不仅作为教学方向指导以及教学成果检验的工具，还能充当教师教学的得力助手。

（四）学生阅读数据的自动采集

阅读大数据由诸多细粒度的有关学生阅读行为的数据构成，主要包括图书数据、阅读路径、阅读过程数据、阅读计划数据、阅读成果数据等。通过对大数据挖掘技术的应用，能实现对相关数据的自动采集，并经过清洗、储存、分析一系列操作后，将学生的阅读表现生成可视化数据，以服务于教育管理者、教师及学生等群体。

随着互联网的不断发展，功能多样的电子产品迅速被普及，小学生借助移动终端进行阅读活动已经成为一件非常普遍的事情，各种各样的阅读软件与系统也不断涌现出来，如西窗烛、中文在线数字图书馆系统等，这为学生阅读数据的采集创造了有利条件。阅读数据承载着诸多教育信息，主要包括用户的阅读进程、阅读行为、阅读环境、阅读活动等，这些能为教育评价提供重要的数据支持。及时采集学生的阅读行为数据，对学生今后成长以及未来生活、工作具有重要的指导意义。

1. 基于 XAPI 的阅读数据采集

阅读是一个学生与教师、阅读伙伴、阅读内容、阅读环境之间复杂的交互过程，在学生整个阅读过程中，不只有教师、阅读伙伴、阅读内容、阅读环境这几方面的数据，还涉及阅读因素之间的关系数据、学生对客观资源的操作数据。阅读数据的主要来源有三个：一是线下图书馆的纸质阅读数据；二是线上阅读系统的测评数据；三是各类数字图书阅读数据。这些数据来源于不一样的系统，储存形式和数据结构各不相同，为了有效实现数据分析的目标，我们有必要创建统一的阅读数据储存中心，创建标准化的阅读数据交换脚本，以实现数据流转的自动化，进而更好地采集和存储业务数据、阅读外延数据，为后续的数据清洗、转换与分析做好铺垫。

鉴于阅读大数据概念的普及程度的日益提升，加之阅读行为数据采集存在着一定的难度，我们可以借鉴 XAPI（新一代学习技术规范），实现对不同系统内阅读数据的采集和整合。无论阅读活动地点是哪里，XAPI 都能将阅读数据传送至学习记录仓储。

2. 基于中文在线数字图书馆系统的阅读数据采集

中文在线数字图书馆是依托数字技术对精彩纷呈、图文并茂的文献进行处理与存储的图书馆，用户可以随时随地、快速地智能检索并阅读图书。中文在线数字图书馆提供的数据共包含两种，分别为用户数据、阅读数据。相比于普通的纸质阅读方式，中文在线数字图书馆系统具有更加显著的便捷性，它可以将用户阅读形成的全过程详细、全面地记录下来，对用户阅读能力水平的分析奠定良好基础。

以上海市电化教育馆推进的阅读大数据的采集与分析项目为例，其通过建立学生阅读大数据采集与分析模型，对学生阅读素养进行全方位、客观性分析。在该模型中，学生阅读素养评价指标被分为五个，分别为阅读兴趣、阅读态度、阅读习惯、阅读能力、阅读水平，每个指标都有自己的维度、分项和具体指标描述。指标是对学生汉语阅读能力的分层描述，五项一级指标的具体定义如表 5-3 所示。借助学生阅读大数据采集与分析模型，教师能准确掌握学生整体阅读现状，为评价体系的建设提供依据，同时为学生提供及时、必要的阅读指导。

表5-3 阅读素养一级指标及其定义

指标名称	指标定义
阅读兴趣	读者对文献信息的符号和内容所具备的积极探索的认识倾向，体现着读者阅读意识活动，也是一种趋向性、稳定性的心理表现
阅读态度	一种伴随着感情状态的反应，包括学生对阅读的认知、伴随阅读的行为以及阅读的评价等，对学生阅读行为产生着主要影响
阅读习惯	阅读习惯是指表达阅读和阅读的相似性的行为，是读者组织阅读的一种方式，类似的阅读行为包括阅读量、阅读频率以及读者读到的内容等
阅读能力	读者对各种生活资讯的理解、运用与反思，并从中进行学习，以增长知识、发挥潜能、实现个人目标
阅读水平	读者在阅读数量、写作水平、朗读水平、文本难易度等阅读方面能达到的专业高度

第三节 数据的分析

数据分析，顾名思义就是对数据进行分析。从专业角度讲，我们可以将数据分析定义为人们利用统计分析方法对数据采集工具所得大量数据进行分析，并经过对数据的处理和量化，最大限度地寻求数据的应用价值，以发挥数据功能。数据分析的主要目的在于从看似杂乱无价值的数据中寻找隐藏信息并形成数据内在规律的结论报告，为管理者提供判断依据和决策支持，帮助学生全面性综合发展。

一、数据分析方法

目前主流的数据分析工具主要有 Excel 数据分析、R 语言数据分析、SPSS 和 SAS 数据分析、Python 数据分析、Spark 大数据分析以及 Hadoop 大数据分析等。下面介绍目前最常采用的 Excel 数据分析和 Python 数据分析这两种数据分析方式。

（一）Excel 数据分析

Excel 数据分析的关键工具是微软在 Excel 中新增的 Power Pivot（PP）工

具，PP 可以导入 web 服务器、关系型数据库、文本类文件等数据源，可处理大量数据集，能利用数据透视表、数据透视图等直观展示数据处理结果。PP 对结构化数据的处理较为方便，不需要对数据进行大量的处理操作，但是处理的灵活度相对较低。

微软还将 VBA（visual basic for application）融入 Excel，将 Excel 从单纯的数据处理软件提升到一个可进行应用程序开发的平台，同时提高了 Excel 的数据处理与分析能力，使 Excel 可利用事件自动完成数据的处理和分析，减少了人为操作，提高了数据处理效率。

（二）Python 数据分析技术

因不断改良的 pandas 库和其对 C、C++ 等代码的集成，使 Python 在数据分析领域中占据一席之地。pandas 提供了大量数据结构和函数，可对关系型数据库 SQL Server 的结构化数据进行快捷处理，这项技术可以对"五育"并举评价中部分数据进行分析。Python 还可对数据进行清理、整合、规范、聚合和重塑，以满足数据分析需要。

在采集小学生"五育"并举之"七尚"综合评价所需数据后，对各类数据进行分析，并得出"五育"并举评价报告是非常有必要的。因此，我们可以根据"五育"并举各类数据的性质和特点，选择高效的数据分析方案。

比如，利用 Excel 数据分析方法分析综合素质评价的数据，包括学生期中、期末的成绩；学生思想品德、身心健康、艺术兴趣、劳动技能、创新能力等方面的信息；学生德智体美劳总得分与班级、年级其他同学的对比信息。

又如，利用 Python 数据分析技术的"五育"并举之"七尚"综合评价数据，主要是需要实时得到分析结果和数据量较大的数据。包括课堂表现模块，分析情境识别技术得到的学生听课状态信息；随堂测模块，学生答案的提交次序，全班正确率百分比统计等；学业水平模块，学生参与讨论区的发帖次数、点赞的次数、回答次数和回答内容正确率的分析；学习能力模块，学生在学习系统中的学习行为轨迹分析，得到学生的学习兴趣；活动实践模块，对学生实践活动附件的证明材料分析；作业表现模块，学生完成作业时间、提交作业时间、作业正确率的分析。

二、数据分析结果报告

（一）评价结果报告设计

通常评价结果报告设计的流程是，首先在确定小学生"五育"并举之"七尚"综合评价指标的基础上，根据指标体系确定评价所需数据；其次，确定数据来源和数据采集方法；最后，在得到所需数据后，设计数据存储方案与分析方法，数据分析的结果是得到"五育"并举之"七尚"综合评价报告。因此，评价报告是大数据背景下小学生"五育"并举之"七尚"综合评价体系运行的重要内容。

以学业水平评价报告设计为例，将教育技术学三维教学目标"知识与技能，过程与方法，情感态度与价值观"作为基础，综合教育目标分类学、多元智能理论、人工智能理论等教育学关键理论和方法的优势，可以形成以"知识、技能、能力"为显性维度、以"方法、过程、策略""情感、态度、价值观"为隐形维度的三层三维测量评价模型。

在"五育"并举之"七尚"综合评价中，借助纸笔测验、调查访谈、心理投射测验、行为测验、作品评估和行为观察、情境识别、心理量表评定等评价手段，对小学生德智体美劳和实践能力做出测量、评估和诊断，可以为小学生"五育"并举之"七尚"综合评价提供有价值的参考信息。

"五育"并举之"七尚"综合评价报告可以以雷达图的方式进行展示，从知识、技能、能力三个方面进行报告，提供小学生个人各类成绩综合图和班级年级对比图，供他们查找个人薄弱环节和个人与群体差异的情况。同时，用雷达图展示小学生各阶段、各指标差异，能为小学生个人发展状态提供依据。

（二）评价结果报告展示

利用雷达图和图表的方式展示评价报告更为直观且能针对学生、教师（班级）、教育管理者（学校）等多个对象给出不同类型的评价报告。评价报告由百分制结果和描述类结果两个部分组成。

1. 学业发展水平

学业发展水平报告以时间顺序给出学生的期中、期末成绩和总成绩，并使用折线图的方式展示学生各类考试的变化趋势图，并通过雷达图的方式展示学生各指标评价结果与班级、年级其他同学的评价结果差异。报告的雷达图下一栏设置了分数栏，用来展示学生各类评价结果分数，分数栏下一栏设置了备注栏，用来描述雷达图的详细信息。在此基础之上，在学业发展水平评价报告中，以随堂测试结果为依据，以章节或知识点为节点，展示学生章节、知识点的知识掌握情况与班级其他同学的差异情况，并以雷达图的方式展示。同时，随堂测题目根据教师标明类型展示基础知识、基本技能或实践能力情况。

2. 身心健康水平

身心健康水平评价报告用雷达图方式直观展示了学生与国家标准、学校标准的差异以及个人薄弱环节。分数栏展示了学生各项测试分数，备注栏描述了学生整体身心健康状态，并针对学生的薄弱环节提出了建议。

3. 品德发展水平

品德发展水平评价报告从政治素质、道德素质、心理素质、思想素质、法律素质这五个方面，以雷达图展示了学生与班级其他学生的差异，并在报告备注栏描述了学生应提高的指标和改进建议，供学生参考、使用，为家长正确引导提供了参考信息，为教师因材施教提供了依据。

4. 艺术兴趣特长

艺术兴趣特长养成评价报告采用雷达图方式，从书法、绘画、声乐和舞蹈等方面展示了学生的艺术素养知识、技能与能力，在备注栏中描述了学生艺术素养特长，为学生的升学提供了有力的证明材料，为上级学校录取提供了参考信息。

5. 劳动技能和劳动习惯

劳动技能和劳动习惯评价报告采用雷达图方式，从劳动价值观、劳动知识和技能、劳动习惯、劳动情感四个方面，展示了学生的劳动素养知识、技能与能力，在备注栏中描述了应提高的指标和改进建议，为学生发展和家长指导提供了依据。

6. 创新能力

创新能力评价报告用雷达图的方式直观展示了学生参加各类创新活动的实际情况，从创新能力、创新品质、创新态度三个层面给出了学生评价结果雷达图。雷达图中包含个人与班级同学参加活动次数和种类的差异情况，在分数栏填写了创新能力评价结果的分数，在备注栏描述了学生参加创新活动的侧重点，以供学生参考。

7. 学生视野

学生视野评价报告用雷达图的方式直观展示了学生视野发展水平，从阅读拓展、研学活动、国际理解三个层面给出了学生评价结果雷达图。

在教师层面，其可以采用折线图展示各维度班级平均得分率和年级平均得分率的变化趋势，并给出上一层指标的总体得分率。在教师管理者层面，评价报告可以用折线图，分年级展示学生各指标学期变化的情况，为教师的下一步教学提供参考信息，为管理者提供决策支持。

另外，评价结果报告还可以从学生、班级和年级三个方面呈现，如表5-4所示。

表5-4　评价结果报告呈现角度

角　色	价　值		
学生	发现问题	查缺补漏	个性化辅导
班级	发现教学问题	因材施教	教学管理
年级	教师管理	教育决策	

总的来说，小学生"五育"并举之"七尚"综合评价报告结果有助于促进学生个体发展，有利于教师改进教学计划和策略，有利于教育管理者提高学校总体管理质量，即它以不增加学生课业负担、教师教学负担为目标，以评价结果科学有效为宗旨。

第四节　数据的有效应用

只有正确有效地应用采集的数据，政府、学校、教师等教育管理和实践者才可以基于数据提出科学性、针对性、个性化的参考与指导，学生才能更加全面、深入地了解自己，进一步明确自己的发展方向。随着数据挖掘、学习分析等技术在实践中的广泛应用，数据中蕴含着巨大价值这一观点也得到了越来越多的人的认可。因此，加强对小学生"五育"并举之"七尚"综合评价数据价值的认识与理解，能为学生评价数据的应用提供方向引导。

一、小学生"五育"并举之"七尚"综合评价数据的价值

从价值论对教育大数据进行审视，可以得出教育大数据的价值具有三个层次，分别为表征价值、关联价值、决策价值。[①] 根据对教育大数据价值的理解，我们能映射出小学生"五育"并举之"七尚"综合评价数据也应该具有与其相同的价值结构。对小学生"五育"并举之"七尚"综合评价数据价值的概括如图 5-4 所示。

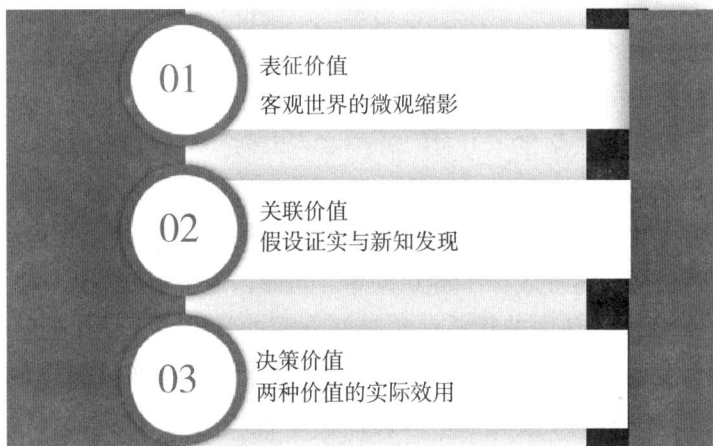

图 5-4　小学生"五育"并举之"七尚"综合评价数据的价值

（一）表征价值：客观世界的微观缩影

表征一词有着非常广泛的应用领域，其在不同研究领域有着不同的使用情境。在认知心理学话语体系中，"表征"的作用主要有三个，一是用来解释说明人脑勾勒外部客观世界的方式；二是用来阐释记忆中的组织形式；三是指面对多种问题情境人的大脑的检索结果。比如，布鲁纳利用肖像、符号和动作这三种方式对认知世界进行系统的表征。在数学体系中，对记录的数据，可以利用饼状图、柱状图等可视化方式表示，或者是借助方程、公式、函数等方式对数据之间的关系进行描述，这些都属于表征的方式。在政治研究领域中，表征主要被视为一种价值认同之后的结果，这一词蕴含着三个含义，一是一个人与

---

① 　刘桐.学生学习表现数据的采集与利用研究 [D].南京：南京师范大学，2019：34-38.

某一类人之间存在着一样的特征；二是一群人身份或品质的象征；三是拥有代表委托人行事的代理人。

根据上述描述我们可得到三个启示：第一，表征属于工具的一种形式，它是在人们解决问题的过程中，为了让不同主体之间做到相互理解，所采取的一种能得到多方认可的呈现形式；第二，表征是一个意义生成的过程；第三，表征属于结果的一种形式，它是人们在现实世界活动的过程中，对外部事物的认识。学生各项数据产生于教育管理的实践过程中，所以数据来源于真实存在的人。数据作为一种对历史结果的记录，不仅由人的行为数据构成，还能对人们的内在精神世界做出客观的反映。因此，学生各项数据的表征价值可以被视为对客观世界的微观缩影。

根据这一理解，小学生"五育"并举之"七尚"综合评价数据具备的表征价值主要体现在以下两方面。一方面，它是对学生活动数据化的充分表现。学生"五育"并举之"七尚"综合评价数据相对完整地记录了学生的各类活动，经过窄化，通过微观世界表征了客观世界。比如，学生学习过程中的表现数据表征了学生在教育活动中的物质、精神两方面的数据，如学生的行为、价值观、情感和态度等。另一方面，它有助于加深人们对现实的完整理解。完备的认识需要以已有经验和信息交流的通畅程度为基础，但在缺少完整信息的情况下，人们很难系统地理解某些事物，导致理解较为片面。而小学生"五育"并举之"七尚"综合评价数据具有非常广泛的覆盖面，表现形式等方面也具有多样化特征，从教学实践角度来看，这可以为教育利益相关者提供更大的支持，使多方用户的需求得到满足，从不同维度加深教育管理者、教师、学生、家长对教育过程的认识，并提升他们对现实理解的完整性。

（二）关联价值：假设证实与新知发现

小学生"五育"并举之"七尚"综合评价数据不仅具有数字上的意义，它还具备丰富的属性特征，还能作为一种教学资源被储存使用。基于对描述性统计处理的基础，人们发现不同属性之间存在的内在联系也是其价值的一种体现。通过探索数据不同属性之间的关联性，不仅能进一步深化人的认知，还能在大数据、人工智能等新兴技术的帮助下，为发现未知提供可能性。而在学生评价数据的处理分析过程中，随着多种数据处理思想、技术工具的应用，数据逐渐超脱了其表征价值，并更多地转化为资源和材料的角色，出现在更深层次的关联价值当中。

　　基于新技术的支持，小学生"五育"并举之"七尚"综合评价数据会逐渐具备大数据的更新速度和规模，所以，我们在对这些数据进行预测和应用的过程中发现，数据之间存在的关联性不只要传承已有的预测思想，还需要引入先进的数据处理技术，这样才能有效打破现有局限，切实提升教育数据预测的科学性。在此基础上发现的隐含必然性、因果性以及相关性规律也会更具信服力，为育人工作的开展提供更多帮助。根据具体教育教学理论来看，评价数据的境遇是比较复杂的，杜威认为，"教育即生活，生活即社会"①，教育系统的复杂性，致使学生"五育"并举之"七尚"综合评价数据的属性特征具有一定的稠密性。所以，人们在应用学生"五育"并举之"七尚"综合评价数据的过程中，需要基于其具备的表征价值，从不同角度考查教育利益的相关者的各种要素，探寻意义深刻的关联性，以便充分发挥数据的价值。基于此，小学生"五育"并举之"七尚"综合评价数据的关联价值主要体现在以下两方面。

　　一方面，借用已知提取新知。经验是人不断实践与反思而积累、总结下来的，所以，人与人之间的经验水平、知识结构有所差异。从个体视角来看，已知指的是个人所知，与之相对的即为未知，不同个体的已知世界和未知世界也各不相同。在小学生"五育"并举之"七尚"综合评价数据的处理分析中，出现未知是一件很正常的事情，未知的出现为个体的构建与成长起到重要的推动作用。因此，要想不断完善学生自身，需要帮助学生不断拓展已知世界，这也是发现学生德智体美劳评价数据的关联的主要目的。从宏观的视角出发，通过个体不断拓展已知世界，再加之个体与个体之间进行信息交互，这对集体已知世界的拓展也能起到巨大的推动作用，同时能够反馈于其他个体，形成集体环境中的关联，从而促进集体的进步与发展。

　　另一方面，并行证实由经验派生的大量假设。小学生"五育"并举之"七尚"综合评价数据逐渐具备教育大数据所具备的特征，其表征的微观世界充满足够的属性与特征，而在一定技术条件的支持下，小学生"五育"并举之"七尚"综合评价数据具有足够的推理空间。先前的确定假设与假设证实的过程需要花费大量的时间与技术资源，而如今依托云计算技术，采取并行的方式对假设中的所有事件进行数据层面的验证提供了可能性。高效准确的计算能力使对

---

① 杜威.我的教育信条：杜威论教育[M].彭正梅，译.上海：上海人民出版社，2017：6-7.

每一种假设进行尝试，对每一对关联或某些要素的关联进行证实变得不再受成本的限制，从而可以在不同的数据结果中形成比较，为人们的合理判断提供了条件，也为人们寻找要素之间的"强关系"或者因果关系奠定了良好基础。

（三）决策价值：两种价值的实际效用

通常来讲，教育决策是一个比较宏观的方针或政策，它是政府意志的表现形式。在制定教育决策的过程中，政府需要以实现特定教育目标为目的，并综合运用多种科学方法和手段，制定切实可行的目标方案。新时代背景下，小班化、个性化教学受到推崇，某一项教育决策的受用范围体现出一定的局限性，受用时间周期被缩短，所以，教育决策手段逐渐发生变化，下放到了学校层面或班级层面，决策者以校长、教师、学生为主，这种教育决策不涉及人、物、信息、空间、时间的综合考量。因此，教育决策的制定逐渐趋于具体化、复杂化发展。

小学生"五育"并举之"七尚"综合评价数据是客观的记录，是对真实事件的数据化处理，而决策是对事物发展方向与趋势的预期和矫正，前者处于一种突然的状态，后者处于一种应然的状态。因此，在学生评价数据的表征与关联价值的基础上，数据客体和决策主体的交互，决定了两者在关系范畴中需要主体依赖于客体，为了满足主观意志的需求，还需要不断挖掘客体具备的价值，从而建立数据领域中的价值关系。在关系生成与发展过程中，表征价值和关联价值是决策价值生成的重要组成部分，起着重要的连接作用，基于此，教育决策是经验与数据结果结合的产物，表现出一种与自然科学领域不同的科学性，而且主观经验对结果的生成起着决定性作用。因此，教育决策是一种主观期望，而且是建立在学生评价数据基础之上的，它不仅利用了学生评价数据的表征作用和关联关系，还能进一步增强表征价值和关联价值。具体来讲，小学生"五育"并举之"七尚"综合评价数据的决策价值主要体现在以下两方面。

一方面，它能促进科学化教育决策理念的形成。决策者的战略目光、已有经验、远见对教育决策的结果产生着直接影响。通过运用大数据技术和方法，发挥数据的协助作用，制定科学合理的教育决策，这是从方法论角度出发对科学化教育决策做出的尝试。而改革的结果，对决策者运用的技术工具、选择的制定范式、观察事物的角度产生着直接的影响。比如，将及时反馈学习系统引入课堂练习，练习环节结束之后，教师会直接收到课堂练习数据，根据数据统计结果，教师能找到学生学习中的易错点和薄弱点，并着重为学生进行讲解，进而视情况调整教学设计模式。这是立足于受众角度制定的决策，并不是只依靠原有教学经验做出的调整。

另一方面是帮扶教育决策技术的科学化。决策价值是学生评价数据的表征价值和关联价值的结合体。基于表征价值，决策者能站在一个相对宏观的角度，全面了解不同阶段和类型教育投入的影响因素，以及社会资源分配的情况。同时，通过应用计算机、数理统计技术，决策者能了解不同要素之间存在的联系、牵扯关系，从而在复杂的教育系统中获取更加丰富的知识与信息，为决策的制定提供更精准、有力的依据。比如，上海市已于 2020 年开始 12 年基础教育试点工作，为了解决教育经费问题，华东师范大学教授顾小清及其团队借助计算机模拟技术，通过数字模拟的方式，呈现了他们制定的方案，并积极探索该方案在未来五年具有的可行性，还将模拟结果及时反馈给相关教育部门，提供了一些有价值的建议。

以学生"五育"并举之"七尚"综合评价数据为依据，能大大提升决策制定过程的科学性，加强决策制定的可信度。但是，由于教育系统是一个比较复杂的系统，而且具有一定的社会性，决策制定与实施过程中有很多不确定因素。所以，我们如果想要提升决策结果的实效性，仅依赖学生"五育"并举之"七尚"综合评价数据是远远不够的，还需要在此基础上合理调配人与机器任务的分工，通过"人工＋智能"的方式，提升教育决策的合理性、科学性。

二、小学生"五育"并举之"七尚"综合评价数据的用途

基于小学生"五育"并举之"七尚"综合评价数据，能为政府、学校、教师等教育管理者和实践者提供有针对性、发展性、个性化的指导与参考；也能帮助学生更加客观、全面地认识自己，提升自我认知水平，有助于做好小学生职业生涯启蒙工作。

（一）服务于学生个体生涯规划和个性发展

小学生是"五育"并举之"七尚"综合评价的评价对象。评价数据能直观地反映学生德智体美劳等方面的发展情况，能为发现和培育学生良好个性提供数据参考。以大数据分析为基础，根据"五育"并举之"七尚"综合评价数据，可以为每位学生个体进行数字画像。

学生个体的数字画像对学校、教师、学生具有重要的参考价值。学校可以了解学生的兴趣特长，了解学生适合学习哪些内容，并进一步决定如何更好地服务于学生的持续成长；教师可以根据数字画像，进一步明确每位学生的优势和不足，对学生进行分类培养，积极引导学生制定正确的个人发展目标；基于数字画像，学生能更加深入、全面地了解自己，知晓自己的爱好、长处、能力水平及薄弱环节，初步明确自己未来发展的主要方向和侧重点，这有助于小学生职业生涯规划的启蒙。

（二）服务于政府教育管理和学校办学改进

在小学生"五育"并举之"七尚"综合评价中，根据所采集的学生数据，通过利用聚类分析的方式，能绘制群体数字画像。学生学习群体的数字画像主要有两方面用途，一方面是服务于政府的宏观教育治理，政府可以根据群体数字画像推进科学的区域教育治理，不断提升政府服务水平，增强财政经费实用的边际效应；另一方面是服务于学校办学质量的改善，学校可以以学生群体数字画像作为诊断和改善教育教学工作的重要依据，进一步发现教育教学、学生成长的基本规律，为科学、有效地开展教育教学寻找理论支撑。

第六章　依托大数据实施"五育"并举之"七尚"综合评价的路径

第一节 结合"全过程"评价数据明确学生"五育"发展一般变化规律

学生"五育"发展一般变化规律指的是随着学生年龄的增长而发生的有规律的、连续变化的过程，包括德智体美劳等方面的发展。学生"五育"发展是一个漫长而复杂的过程，为了确保评价结果的客观性和科学性，也为了更好地促进学生的发展，学生评价需要对学生发展的整个过程进行全面、详细的了解。完整的学生评价包括诊断性评价、形成性评价和终结性评价，分别在教学活动开始之前、过程之中和结束之后进行，这样能揭示学生在不同阶段德智体美劳方面的发展变化规律，明确教学改进的方向。大数据时代的来临，助推了"五育"并举全过程评价的实施，教师根据采集的"全过程"评价数据，能更好地掌握学生"五育"发展一般变化规律，实施有效性教学，满足学生实际学习的需要。

一、"五育"并举全过程评价的必要性

所谓全过程评价，是指从教学活动开始之前到教学活动过程中，再到教学活动结束的整个过程中对学生实施的全面评价。评价是教育教学的有机组成部分，其对教师教学、学生学习具有较强的导向作用。设计、实施恰当的评价是高质量的有机组成部分，在教学活动的各个阶段实施有效的教学评价，进行"教—学—评价"过程的全面设计，并通过实施多种教学策略，有助于提高教学质量并促进学生的学习。从教学活动开始之前到教学活动过程中，再到教学活动结束的整个过程中，教师需要做大量的决策，精心规划全过程评价计划，获得更加客观、全面的信息，以便对教学状况进行判断并做出更有效的决策。通过全过程评价发挥评价对教学与学习的诊断、激励和促进作用，可以不断提高教师的教学水平，激发学生的学习兴趣，进而帮助学生实现综合素质的提升。就学生评价而言，教育大数据具有跟踪性，其是指运用教育大数据的采集、挖掘、分析等技术采集学生整个学习过程的数据，对学生的学习行为进行事实判断和价值判断，进而达到改善学生的学习、教师的教学的目的。

二、小学生"五育"并举全过程评价的实施过程

一个设计良好、实施全面的评价过程应与有效教学过程有密不可分的关系，并应与教学过程平行展开，一个有效评价过程应与有效教学在特征上高度吻合。因此，教师应逐步树立"教学—学习—评价"有机结合的教学评价观，将对教学评价的设计和规划融入教学设计，并使其成为教学设计中不可或缺的组成部分，确保评价对教学和学习的"全过程"起促进作用。

一般情况下，全过程评价分为三个阶段执行，如图 6-1 所示，分别为教学前的评价——安置性评价；教学过程中的评价——形成性评价和诊断性评价；教学后的评价——总结性评价。

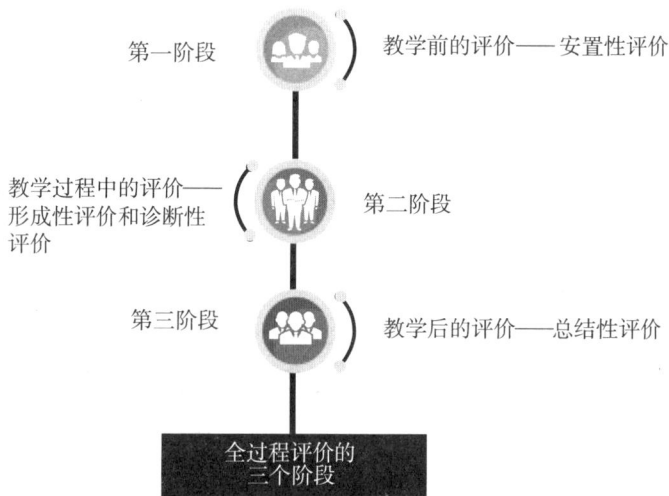

图 6-1　全过程评价的三个阶段

（一）教学前的评价——安置性评价

在学习能力水平、学习风格和发展需求等方面，不同小学生之间的差异非常大，在学科教学或教学活动中，教师可以通过各种形式的安置性评价分析学生的个别差异，帮助学生获得成功的学习体验。

1. 准备状态前测

通常情况下，在一门课程或一个单元的教学开始前要进行一个准备状态前测，用来检验学生对开展新的教学所需知识和技能掌握到了何种程度。比如，在正式学习某一模块之前，教师会通过学生对应的该模块知识水平进行

测试，考查学生的准备状态。如果测验显示学生缺乏学习该模块必备的知识技能，教师就可以针对性地进行补救，或根据学生现有的水平调整教学内容和教学难度。

2. 安置性前测

为了了解学生是否在教学之前就已经掌握了教学计划中安排的内容，教师可采用教学活动结束后所用测验的副本对学生进行测试，如果学生对教学计划中安排的内容已经掌握，教师就需要调整后续教学计划，如果尚未掌握，则应循序渐进地学习。

比如，教师可以通过一个需要学生完成的对文本、数据、多媒体等信息进行加工处理的综合任务，来获得学生在这些方面的实际表现水平，为随后的教学及其评价提供参考依据。

（二）教学过程中的评价——形成性评价和诊断性评价

在教学过程中，教师需要知道：学生学习哪些知识进展顺利；学习哪些知识存在困难，需要帮助；哪些学生存在着严重的学习困难，并需要额外的辅助，并据此调整自己的教学策略。

1. 形成性评价

形成性评价是指在教学过程中实施的用于监控学生学习进展的评价。形成性评价一般用于检查学生对某一特定部分教学内容掌握的程度，侧重于测查某一阶段教学的所有学习结果，同时，更注重考查学生学习的得与失，以便师生调整教与学。比如，如果大多数学生未通过形成性测验，那么教师就会增加相关课程学习，并借助教学网站引导学生进行相关内容的补充学习。

2. 诊断性评价

如果某些学生一直存在学习问题，以至于形成性评价提供的矫正性诊断无法解决，这就需要我们采用诊断性评价来鉴别学生的学习困难，目的是分析学生学习表现的普遍原因，指出学生学习困难的症结并进行补救。

（三）教学后的评价——总结性评价

总结性评价是指在一门课程或者教学活动结束后所进行的成就评价。该评价主要用于考查学生的学习效果，确定学生的最终学习成绩。评价不仅能采用测验形式，也能采用表现性评价形式。在进行总结性评价时，教师应为学生提供有关其学习过程的必要反馈，并将评价的结果用于评定教学的有效性和改进教学。

三、明确学生"五育"发展一般变化规律的重要性

（一）满足小学生成长的内在需要

小学阶段是小学生认知心理发展重要的转折时期。因为德智体美劳等方面能力的发展起始时间、发展速度、发展的重要时期有所不同，各方面能力发展涉及的重要影响因素也不同。所以，尊重教育规律和学生"五育"发展一般变化规律，在关键时期给予学生适当的引导，以发展的、整体的眼光看待学生的成长过程，有助于教育管理者、教育者更新教育理念，改变教学模式，调整育人策略，科学设计教育教学过程和内容，这也体现了育人为本的深刻内涵。

教师如果不了解学生发展规律，不了解学生德智体美劳各方面背后的发展规律，就会"凭感觉而教与指导""凭经验而教与指导"，还有可能出现"好动机——负面结果"的情况。因此，尊重学生"五育"发展一般变化规律的教育，有助于教师制定符合学生发展水平的教育目标，采用恰当的方式，使教育工作由盲目走向科学。

（二）有助于把握最佳教育时机

学生的发展是连续的，但是在不同的阶段有不同的特点，体现出连续性与阶段性的统一。如小学生在六年的学习生活中，他们的生活、学习等方面会发生很大的变化。从低年级学生的适应学校生活、养成良好行为习惯，中年级学生发展其内在的学习动机、发展阅读能力、完成思维由形象到抽象的过渡，到高年级学生的独立性得到迅速的发展，同伴的影响力会超过教师和家长产生的影响力。然而，学生能力的发展在不同阶段又有各自的特点，如注意力的发展，小学低年级学生以无意注意为主，到了高年级逐渐发展为以有意注意为主；记忆力方面，小学低年级学生以无意记忆、机械记忆为主，进入高年级开始掌握记忆策略，以有意记忆、理解记忆为主。

教师在教育教学中要充分理解学生的发展规律，掌握学生在每个阶段要发展的关键任务，充分利用学生最近发展区的教育优势，探索学生各种能力及要素的最佳发展期，抓住最佳教育时机，在课堂教学、班级管理、师生关系中顺应学生能力发展水平，通过有效的方式挖掘学生潜能。

四、结合"全过程"评价数据明确学生"五育"发展一般变化规律

得益于大数据技术，小学生整个学习过程的数据都能得到有效记录，基于

"全过程"评价数据，教师可以更好地掌握学生德智体美劳等方面的发展变化规律，从而实施有效性教育，促进学生德智体美劳全面发展。

第一，大数据技术可以促进"全过程"评价数据的收集。首先，自动性的评价体现过程性。在近几十年里，尽管人们在认知、心理研究及教育技术方面取得了显著的进步，但教育机构的评价实践却并没有显著的变化。不过，基于计算机等智能终端技术的快速发展为自动化评价提供了支撑。在大数据时代，智能学习终端的应用将被普及，基于智能学习终端的自动化评价伴随着学生学习的全过程，可以直观地展现学生整个学习过程，在学习过程中为学生提供指导和帮助。其次，全过程数据的收集促进形成性评价。全过程评价数据包含学生在整个课堂学习中表现出的，各种反映学生在自然状态下的细微而又真实的行为表现。在学生学习的整个过程中，随着学生的每一个学习行为，就会产生相应的学习数据。在大数据时代，学生全过程学习数据的收集和分析应用，有助于学生评价工作的开展，还能帮助教师了解学生德智体美劳方面发生的变化，并根据其中规律调整教学计划。其中，对全过程数据的分析可以达成评价的总目标。教师通过对各类全过程数据进行分析，能改进教与学。具体而言，教师可以根据学生对学习资源使用情况的数据，对学生的学习方法、学习策略进行评价，并掌握学生心理发展规律；教师可以根据学生对知识点的掌握情况的相关数据，对学习效果进行评价，明确学生智力发展规律；根据学生完成作业的时间、对错等数据，对学生的学业负担进行评价，明确学生思维发展规律；根据学生的体育锻炼的时间，实现对学生的身体素质的评价，并明确学生身体发展规律。基于大数据的背景，学生的整个学习过程将处于"透明化"的状态，教师需要重新审视教与学的过程，善于利用"全过程"评价数据，及时发现教学中存在的问题，了解学生的学习困难，从而合理安排教学素材，改善教学方法，促进"全过程"评价数据更好地服务于学生发展。

第二，大数据挖掘分析技术的"显微镜"功能，体现了"以学生为本"的评价观；全程记录功能可以展现学生的学习轨迹，以发展的观点看待学生；预测功能便于教师对学生进行有针对性的指导，有助于实现促进学生德智体美劳全面发展的评价目的。首先，大数据的"显微镜"功能，可以凸显"全过程"评价数据背后的学生。借助大数据挖掘分析技术，对学生学习成果数据背后的关联数据进行分析，这样在评价者面前的学生就是形象的、具体的、多维的，具有无限发展潜能的生命个体，从而凸显"全过程"评价数据背后具有差异性发展潜力的学生。换言之，透过数据发现学生、尊重学生、掌握学生德智体美劳各方面发展情况，是大数据时代"以学生为本"的评价理念的体现。其次，大数据的全程记录功能，有助于实现教师以发展的观点看学生。在大数据技术的支撑下，学生个体的整个学习行为数据可以被全程记录，教师对学生个体不同时段的学习数据进行分析，进而开展评价，不仅能了解学生的学习基础，还能发现学生的进步状况及发展潜力、发展趋势。最后，大数据的预测功能可以促进学生的发展。大数据改善学习的三大核心要素分别是反馈、个性和概率预测。随着大数据预测在精确度和细节上的提高，我们也应该对帮助我们做出决定的预测结果抱有更大的信心，并提出更加具体和细致的建议，采取更具针对性和更加温和的干预措施。教育大数据的预测功能，可为学生个性化的发展以及全面性的发展提供指导。

第二节 通过"数字画像"辨明学生未来发展的方向与侧重点

基于大数据的小学生"五育"并举之"七尚"综合评价结果主要以数字画像的方式呈现，数字画像的构建需要综合运用多种数据采集技术、采集工具，主要包括可穿戴设备、全面感知的物联网、学习行为轨迹转换记录系统以及图像识别等。这些技术可以实现从不同维度对学生生活和学习数据的有效记录，从而为数据的储存、应用与管理提供重要素材，帮助教育者明晰学生未来发展的方向与侧重点，为因材施教提供强有力的数据支撑。

一、数字画像的由来

"用户画像"这一概念的最早提出者是交互设计之父艾伦·库伯，他认为"用户画像"是基于各种真实数据基础上建立的目标用户模型，是真实用户的虚拟代表。① "用户画像"的研究领域比较广泛，在教育领域，出现频率较高的是"学习者画像"，其画像主体指的是教育领域中的学习者，为了达到特定的

① 库伯.AboutFace4: 交互设计精髓[M].倪卫国，刘松涛，薛菲,等译.北京:电子工业出版社，2015: 9-14.

个性化教学目的，教育者通过将学习者标签化，基于数据对学习者进行总结性描述，从而为学习者提供精准的教学。学习者画像主要是为在线教育、成人教育的个性化教育的实施提供辅助，以实现教学服务的提升。目前，关于学习者画像的定义，学术界尚未作出统一明确的界定。赵雅慧、刘芳霖、罗琳认为，学习者画像是一种教学代理，并以教学代理角色的方式对学习者进行总结性描述。[①] 王莉莉、郭威彤、杨鸿武将学习者画像定义为实现某种个性化教学目的的原型用户，它所代表的群体并非个人，而是更大的群体。[②] 综合分析上述概念，笔者将"学生画像"看作建立在学生不同维度、不同来源数据的基础上，通过对数据分析技术的有效应用，形成全面清晰的学生画像，综合运用过程性描述和总结性描述，致力于学生全面且个性的发展。

二、学生数字画像构建流程

数字画像构建方法多种多样，但构建流程基本遵循大数据驱动下的研究范式行动框架。学生数字画像的构建流程主要经历了三个阶段，分别是数据来源与采集、数据处理与分析、画像呈现与应用，如图 6-2 所示。

流程一
数据来源与采集

流程二
数据处理与分析

流程三
画像呈现与应用

图 6-2　学生数字画像构建流程

（一）数据来源与采集

学生数字画像的有效构建需要以数据为基础。我们一般认为，从多层面、多视角对数据进行描述往往可以较为精准地反映目标属性特征。具体来说，学

① 赵雅慧，刘芳霖，罗琳.大数据背景下的用户画像研究综述：知识体系与研究展望[J].图书馆学研究，2019（24）：13-24.
② 王莉莉，郭威彤，杨鸿武.利用学习者画像实现个性化课程推荐[J].电化教育研究，2021，42（12）：55-62.

校首先需要从本校实际情况出发，基于相关政策和理论的指导，进一步明确学生评价的多个维度，并对各个维度的指标进行具体的划分，进而构建学生的全指标体系。其次，学校应综合利用各种信息平台和智能技术，对数据进行全面搜集。比较常见的数据采集方法主要包括物联网数据采集、伴随式数据采集、第三方系统数据采集、填报式数据采集等。其中，物联网数据采集方法的应用，主要是在伦理许可的范围内，利用音频采集、传感器、客户端等方式，对学习者的人脸和体态进行识别，从而实现对数据的无感采集。通过运用以上几种采集方法，基本上能获取学生的学习表现、情感过程及健康信息等方面的数据。

（二）数据处理与分析

学生的全指标数据需要依托数据汇聚系统实现对数据的预处理。首先，由于数据具有真实性，且是对现实世界的反映，所以不可避免地会存在不完整数据、混乱数据和无效数据的情况，这就需要对数据进行清理。其中，缺失值能依靠教师和家长提供，或者根据学生已有数据通过运用算法来填充预测值；异常值则需要通过采取关联规则、聚类等方法进行修复。其次，基于多源动态挖掘的数据通常情况下存储结构比较复杂，且数量比较庞大，因此需要先将数据格式转化为统一格式，并在抽取数据集成中进行调整，避免属性出现冗余。最后，通过数据规约以原始数据为基础集中创建一个全新的数据集，并将无关属性和元组从这个集合中剔除出来，避免"噪音数据"影响最终的挖掘结果，以切实提升数据集内的数据分析与挖掘的准确性。在对数据完成预处理之后，我们就能利用数据分析模型来分析数据，进而生成学生数字画像。目前，比较典型的是张治、戚业国提出的以大数据技术为基础的多源多维综合素质评价模型，其详细介绍了系统化、有效性的学习数据分析方法，有助于后续画像的呈现与应用。①

（三）画像呈现与应用

在完成了对学生全指标数据的完整处理与分析之后，我们需要借助相关算法构建模型，并通过标签集的方式在可视化平台呈现学生的数字画像。不同学段的标签分类有一定的差异，但是从整体上来看都是以基本信息和"五育"指

---

① 张治，戚业国.基于大数据的多源多维综合素质评价模型的构建[J].中国电化教育，2017（9）:69-77.

标为中心进行呈现。教育管理者通过了解学生数字画像，能从整体上把握学生不同维度的发展现状和发展趋势，有目的地提升教育服务水平，加强资源配置，充分发挥自身在教育管理中的指引作用。根据学生数字画像，教育者可以直观、快速地了解学生的学籍信息、综合素质评价、课程表等各方面情况。除此之外，如果可以借助算法创建客观有效的评价反馈模型，就能通过算法自主进行聚类、关联、趋势和因果分析，从而全面掌握每位学生的优点与缺点，并为学生提供最优发展建议，这有利于教师开展科学合理的个别化辅导。学生也能获取与自身学习兴趣和认知风格相符的学习资源，并通过学情预警系统了解自身的薄弱之处，有针对性地弥补不足。同时，根据数字画像呈现的内容，家长也能进一步加深对自己孩子的了解，有效打破"边缘性参与"的尴尬局面，充分调动家长参与的主体性，促进家校协同育人。

三、基于"数字画像"辨明学生未来发展的方向与侧重点

首先，数字画像的呈现，建立在多来源、多维度、多模态成长数据采集的基础上，主要包括学生的基础信息、学业水平、身心健康、劳动实践等各类过程性及结果性数据。根据数字画像，学生可以在不同学习阶段中找到自己下一个阶段各个学科的发展方向和侧重点。在清晰目标引导和带领下，学生在开展自主学习时才能明确方向，全面提升自我发展的精准度。

其次，根据学生数字画像，学校可以对学生学情进行精准分析，基于大数据权衡教育教学管理中的优势与不足，为教师教育教学有效性、精准性的提升创造更多的可能。比如，当数据显示某学生身体素质低于平均水平，身体素质有待提高时，学校可以基于数据，从教育教学、体育课程、家校沟通等方面寻找不足，分析问题所在，并通过"分析—诊断—决策—干预—对比—实证"的方式，有步骤、有计划地优化学校体育课程，有组织地提升教师体育教学水平，逐步提升学生的身心健康，为学生未来健康发展保驾护航。

最后，为了促进学生德智体美劳各方面的均衡发展，学校可以构建学生成长空间、班级优化大师等平台，实时跟踪学生的学习过程，并进行相关数据的采集。在形成学生综合素质发展报告的基础上，学校可以借助可视化的雷达图和数据指标，帮助家长了解学生当下的学习现状、兴趣习惯、长处与短板等影响其自身成长的关键因素，进而掌握学生的成长过程及最近发展区，基于数据指标切实提升家庭教育的针对性。

第三节　立足动态化评价数据有效开展个性化教育

在过去，人们对学生行为的记录主要采取点状记录方式，而在大数据时代，学生综合素质评价系统通过动态记录与学生行为相关的数据，深层挖掘纵向数据，能绘制出学生发展轨迹，并以此为基础对学生发展趋向进行预判，从而为学生提供个性化的指导与有效性的帮助。

一、个性化教育的原则和特征

（一）个性化教育坚持人性化关怀原则

教育的本质是培养人，其出发点和落脚点都是人。个性化教育始终坚持人性化关怀原则，充分尊重、关心每位学习者，目的是促进每位学习者自由而全面的发展。基于"以人为本"基本思想的指导，人性化关怀原则主要体现在以下两方面。一方面，关心每位学习者，同时全面关怀所有学生。划一性教育更加关注教育集体性，忽视学生的个性发展，而个性化教育则关注每一位学生，充分理解与尊重不同学生之间的差异性，关注学生个体真实需求和潜在能力的发展。另一方面，人性化关怀原则体现在教育模式的构建、教育内容的设计、教育方法的选择等教育全过程中。在个性化教育过程中，教师要关注不同学生之间在兴趣爱好、综合能力、个性特征、发展需求等方面的差异，并遵循教育发展的规律，为学生制定满足其个体发展需要的教育模式，采取针对性的教学方法，设计学生感兴趣的教学内容，激发学生学习的主动性、创造性，以促进每位学生的个性化发展。

（二）个性化教育的特征

个性化教育具有三个特征，分别为尊重个体的主体性作用、满足个体的差异性需要、促进个体的个性化发展，如图6-3所示。

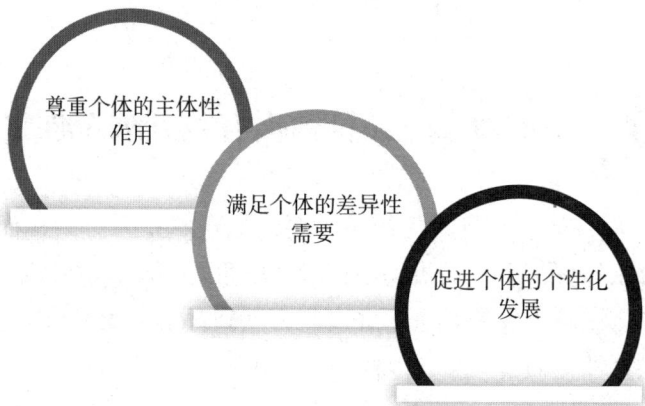

图 6-3　个性化教育的特征

1. 尊重个体的主体性作用

马克思指出："当人开始生产自己的生活资料的时候，这一步是由他们的肉体组织所决定的，人本身就开始把自己和动物区别开来。"[①]人与动物最明显的不同在于人具有主体性，为了达到自己的目的进行自由自觉的生产活动。这就要求教育必须尊重个体的主体意识，发挥个体的主体性。具体来说，教育要体现个性化，必须要充分尊重个体的主体地位和主体性作用，立足个体的德智体美劳等方面的实际水平，注重唤醒并增强学生的主体意识、主体能力及主体价值，充分调动学生的主观能动性，引导学生对外界环境和事物做出自主独立的分析判断，善于反思自身的思想和行为，并及时做出改变。

2. 满足个体的差异性需要

个性化教育不仅要尊重不同学生之间存在的差异，还要尽量满足学生差异性的需要。个体间的差异性首先取决于遗传特征、生理特征等人的自然属性，其次会受到学校环境、家庭环境等社会属性的影响。马克思提出"人们为了能够'创造历史'，必须能够生活。但是为了生活，首先就需要衣、食、住以及其他东西。因此，第一个历史活动就是生产满足这些需要的资料"[②]，而"已经得到满足的第一个需要本身、满足需要的活动和已经获得的为满足需要而用的

---

① 马克思恩格斯选集：第一卷[M]. 北京：人民出版社，1995：46.
② 马克思恩格斯选集：第一卷[M]. 北京：人民出版社，1995：79.

工具又引起新的需要。"① 个性化教育要正确认识和理解个体间的差异性，全面掌握每个个体所具备的独特性，从个体的个性特征和实际需要出发，制定差异化的教育目标，采取差异化的教育方法，为学生设计差异化的教育内容，运用针对性的教育评价，有效开展个性化的教育。

3. 促进个体的个性化发展

个性化教育的最终目标是促进个体个性化发展，具体表现为充分发挥个体潜在能力，引导个体形成良好个性，促进个体自由且全面的发展。每个个体的潜能是不可估量的，因此个性化教育应以认识和尊重个体差异为基础，全面把握每个个体的个性特征、兴趣爱好及发展需要，开展适用于个体的教育，深入开发和挖掘个体潜能，以实现个体的进步与发展。

二、立足动态化评价数据有效开展个性化教育的策略

（一）立足动态化评价数据制定个性化学习方案

动态化评价数据从德智体美劳等方面多元化、多角度详细记录了小学生阶段性的动态发展过程，为他们个性化学习的方案提供了数据支持。根据动态化评价数据，教师、学生和家长可以共同为确定个性化学习目标制定全面的个性化学习方案，从不同角度对学生学习做出详细的规划，促进学生的个性化学习发展。根据动态化评价数据，教师可以实时掌握学生当下的思想和行为状况，实施因材施教，为学生个性化成长与发展创造良好的条件；学生可以根据动态化评价数据对自己有一个客观的认识，在各方面发现自己的闪光点，在生活与学习中更加自信、自强，产生强大的原动力和内驱力，从多角度进行自我评价，针对个性化学习制定多元目标，以饱满的热情和浓厚的兴趣投入个性化学习，最终获得个性化学习的愉悦感、成就感。根据动态化评价数据，家长也能及时地了解自己孩子每个阶段的成长与发展情况，在关注他们学习状态的同时，注重他们个性化学习的发展。

（二）立足动态化评价数据智能化推荐个性化资源

大数据技术通过对动态化评价数据的收集和分析，可以构建反映群体和个体的数据模型，更加精准地识别学生个体和群体的特征和发展需求，为各类个性化大数据智能学习平台、智能产品的创新和研发提供数据支持。如 VR（虚

---

① 　马克思恩格斯选集：第一卷 [M].北京：人民出版社，1995：79.

拟现实技术)、AR(增强现实技术)等智能产品的使用,通过情景模拟的形式使学生产生一种身临其境的感觉,提升学生的个性化体验感,提升个性化教育的效果,从而更好地实现学生个性化的发展。

第七章 基于大数据的小学生"五育"并举评价之未来展望

第一节　顶层设计的不断完善

小学生"五育"并举评价是现阶段小学改善学生评价生态的重要手段，学校作为塑造灵魂、培养人才的摇篮，应当永不止步于教育教学改革探索之路，寻求更多促进学生全面发展的评价方式。在大数据背景下，小学生"五育"并举评价是一个系统性工程，这项工程的推进不能只依靠某一方的力量，还需要多方参与、形成合力，这样才可能保证小学生"五育"并举评价的顺利实施，因此，我们需要一个全面的顶层设计，从最高层次寻求问题的解决之道，并紧密结合多方力量，充分发挥大数据的作用，以促进评价加速推进。

一、不断丰富小学生"五育"并举评价内容

小学生"五育"并举评价内容的制定，不仅要充分体现评价内容的全面性，更重要的是凸显社会与时代对新型人才的要求，从不同角度筛选和确定评价指标。首先，为了充分体现促进学生全面发展这一目的和意图，我们在选择评价内容的过程中，应该积极参考学生提出的合理性建议和意见。事实上，引导学生参与制定评价内容的过程也是学生进行自我锻炼、自我评价的过程。其次，小学生"五育"并举评价应充分考虑不同性格、不同年级的发展需求，承认学生在不同方面的发展存在差异性，所设置的评价内容要充分体现其特征，进而深入挖掘学生的个性潜能，促进每位学生的成长与发展。比如，在学业发展水平维度，对于低年级的小学生，应该将关注点放在对基础知识的学习与掌握方面，而对于高年级的小学生，应该将关注点放在综合能力的培养方面，所以评价内容和比例要根据学生发展需求来设置，从而使评价具备更强的适切性和针对性。最后，小学生"五育"并举评价的内容并不是一成不变的，而是会随着时代与社会的发展发生一定的变化。因为不同时代和不同时期的社会对学生的要求有所不同，所以学校要科学合理地调整评价内容，培养满足时代与社会要求的学生，最终构建出一个不仅评价维度之间存在着横向联系，又有对每位学生进行纵向对比的评价体系。通过小学生"五育"并举评价，可以帮助小学生全方位、多维度地了解自身德智体美劳各方面的情况，以做出针对性的调整，

从而提升自身的综合素质，促进自身全面发展。

二、保证小学生"五育"并举评价方法的多样性

小学生"五育"并举评价方法是有效实现评价目的的重要保证，无论是哪种单一的评价方法都具有一定的局限性，只有综合运用多种评价方法，才可以收集真实性、全面性的评价信息。以定量评价方法为例，这种方法具有简单直观、便于计算等优点，但是对于具有一定特殊性、复杂性的不易被量化的评价内容来说，如思想道德素质，单纯地运用定量评价方法会缺乏科学性。因此，我们有必要将多种评价方法综合起来使用，在实际评价中选取适用于评价内容的评价方法。除此之外，我们还要注重将静态评价和动态评价结合起来，基于大数据技术加强对学生动态发展变化的监测，加强对学生参与活动全过程数据的收集，在关心小学生"五育"并举评价结果的同时，更重要的是关注评价活动开展的过程，提高评价的生动性、全面性。只有加强师生对活动参与过程中的感受与表现的重视，才可以让学生有意识地进行自我纵向比较，让学生将更多的关注点放到自身的进步与不足上；同时，教师能对学生德智体美劳各方面发展变化趋势形成一个直观的了解，由此根据学生特点为其提供及时有效的指导与帮助。总之，小学生"五育"并举评价方法的多样性能充分调动学生的积极性，加强对学生学习过程的关注，全面把握学生德智体美劳各方面的发展状况，并给予有效的反馈，以及帮助学生全面客观地了解自身发展状况，使学生进一步明确今后努力的方向。

三、小学生"五育"并举评价结果呈现方式的多元化

小学生"五育"并举评价结果的呈现方式应该体现多元化，不能只用"分数＋排名"的方式来表示，因为这种方式虽然简单直观，但是无法满足学生多元化的诉求。恰到好处的呈现方式能使学生更直观、清晰地了解自己的长处与短板，与他人表现进行对比找出其中的差距，从而找到自己应该努力的方向。具体来说，比如对于一些简单的基础知识考试测验等，采用分数的呈现方式会显得直接客观；对于学生道德发展水平、身心健康水平等方面的评价，应该倾向于对描述性语言的应用，从而增强呈现结果的全面性、可信度；对于小学生劳动技能、创新能力等方面的评价，应该注重综合运用"分数＋评语"等多种评价呈现形式。这不仅能让学生获取具体化、全面性的评价，还能在分数排名

外有科学性的依据进行评比。同时，通过网络平台，可以为每位学生生成个性化评价方案和评价报告，在保证评价真实性的基础上，促进学生的自主发展。另外，小学生"五育"并举评价结果呈现方式的多样化，对积极、良好评价氛围的营造起着促进作用，能对师生产生潜移默化的影响，避免他们对成绩排名的过度关注，从而充分发挥评价的激励功能。

四、充分发挥小学生"五育"并举评价结果的价值

小学生"五育"并举评价结果的应用要充分体现激励和引导价值。传统的教育评价结果的主要用途是为学生评选智慧之星、才艺之星、体育之星、习惯养成之星等提供依据，但是这不能完全体现教育评价的育人功能。小学生"五育"并举评价结果的应用应该更多是帮助学生了解自己的长处与短板，基于大数据分析的建议找到现存问题并及时更正，进一步明确发展目标，以追求更大的进步与成长，从而发挥评价结果的激励和引导价值。另外，小学生"五育"并举评价的最终目的是促进每位学生的全面个性的发展，并不仅是以评价结果为依据对学生进行筛选排名。因此，师生要改变传统"分数至上"的评价观，始终坚持以生为本，营造积极、浓郁的评价氛围，注重学生的全面健康发展。

五、教育部门与学校通力合作，保证评价常态化进行

首先，教育行政部门要充分发挥自身的组织领导作用，建立健全相关政策制度，为小学生"五育"并举评价的有效实施保驾护航。其次，学校要充分调动评价参与人员的积极性，通过新生入学教育、校园媒体宣传、新入职教师培训等方式，增强评价参与人员的评价意识，并使其熟悉各类评价方法、评价平台系统和评价程序，提升评价参与人员的评价素养和能力，保证评价工作的常态化开展。再次，学校要创造一切有利条件，积极引进先进的大数据技术，不断改善评价环境，为教育评价提供良好的物质条件，不断优化数字化信息系统，全面整合德育处、教务处等部门的信息，有效减少信息统计、上报以及更新等重复性工作，使师生将节省下来的时间用于提升与发展自己，提高教育评价工作的便利性、简捷性。最后，学校要充分发挥大数据的作用和影响，提升信息化水平，消除学校内部信息资源的壁垒，助力小学生"五育"并举评价的实施。具体来说，学校需要联通整合各部门的数据，确保信息的安全性与保密性，为每位学生提供更加精确的画像，并基于对数据的参考应用的基础，使评

价更加科学客观，科学分析学生的发展趋势，为学生提供具有针对性的指导与帮助。通过实施小学生"五育"并举评价，可以优化目前小学生评价生态，健全人才培养体系以适应社会的发展要求，培养出拥有正确三观、身心健康、综合素质突出的创新型人才。因此，我们对小学生"五育"并举评价的研究要不断深入，敢于对理论与实践进行创新，善于学习古今中外的先进理念与实践经验，不断推动小学生"五育"评价的规范化实施。

第二节　"五育"并举评价管理机制的可持续升级

为了提高小学生"五育"并举评价设计的科学性、合理性，让评价活动开展得更具规范性，学校有必要建立健全小学生"五育"并举评价管理机制，促进教育资源的深度整合，不断强化育人效果。本节内容主要阐述"五育"并举评价管理机制的运行原则和具体策略。

一、"五育"并举评价管理机制的运行原则

新时代学校"五育"并举评价管理机制的建立健全，需要坚持整体性、规范性、科学性与实践性等运行原则（图7-1），为管理机制的可持续升级奠定基础。

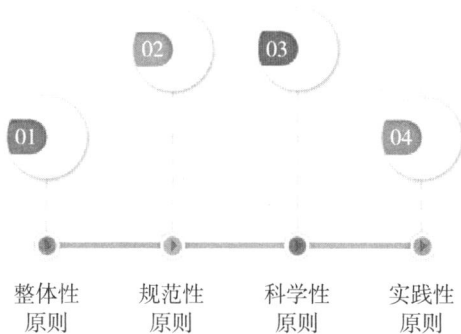

图7-1　"五育"并举评价管理机制的运行原则

（一）整体性原则

坚持"五育"并举评价管理机制的整体性运行原则，就要把"五育"并举

评价管理机制中的各项子机制视为统一整体。"五育"并举评价管理机制的高效运行需要依靠各方力量的通力合作，这就要求不断加强各部门、各组织及各要素间的紧密联系，充分发挥学校内部的人、财、物、时间、空间、信息等资源的最佳整体功能，形成机构精简、职责明晰、权责对称的整体，以构建齐抓共管的工作格局为保障，凸显"五育"并举评价管理的整体教育功能。坚持整体性运行原则，要把"五育"并举评价管理机制看作动态的、发展的运行过程，充分结合实际情况采取灵活、有效的方法，实施弹性管理。

（二）规范性原则

规章制度是需要学校内部所有成员共同遵循的基本规范，更是学校科学化管理的必要前提和基础保障。首先，学校要重视规章制度的建设，力求通过规章制度提升学校规范化管理水平。其次，学校要坚持规范性运行原则，要改变管理者"人上人"的思想，并将其进一步转变为"管理即服务"的理念，在管理者、教师及学生之间建立相互尊重、民主平等的关系。最后，学校要坚持规范性运行原则，其关键在领导。学校领导要全面掌握各项规章制度及管理条例，做到职权明晰、照章办事，身体力行，以身作则，全面发挥好"带头人"的引导作用。

（三）科学性原则

首先，科学性原则指的是在基于科学理论的具体指导下，决策活动通过灵活运用科学先进性的思维与多样化的科学方法，进一步在科学决策过程中遵循科学程序的行为准则。从管理过程上看，"五育"并举评价管理机制的运行是一个动态的发展过程，随着认识到实践再到新认识的矛盾运动，"五育"并举评价管理机制运行过程也产生了新挑战与新期待，这就要求学校管理者具有敏锐果敢的头脑、高瞻远瞩的理念、科学创新的观点，多措并举解决面临的新困境与新难题。其次，坚持科学性运行原则，要发挥好"五育"并举评价管理功能的全局性作用，科学设置管理机构，明确各机构的职、权、责划分及相互关系。最后，坚持科学性运行原则，要全面遵循科学的"五育"并举评价管理程序，强化监督效用，通过网络信息技术实现数字化、信息化处理模式，进而推动"五育"并举评价管理工作的可持续发展。

（四）实践性原则

实践性原则具有统摄其他原则的重要功能，从本质上来说，实践是主体通过一定途径使客体实现重塑的社会性活动。贯彻实践性运行原则要做到以下三点。首先，对于学校管理者来说，必须亲自投入"五育"并举评价管理实践工作，正所谓"行胜于言，质胜于华。"进一步强调"亲历"与"亲为"，使广大"五育"并举评价管理工作者在"探究"中发现问题并解决问题。其次，实践性运行原则的有效贯彻必须与时俱进。在遵循时代发展规律的基础上，综合运用多种现代化管理手段，不断提升实践能力与创造能力。最后，贯彻实践性运行原则，要加强对社会实践活动的管理，进一步明确"五育"并举评价管理目的，正确处理好人与自然社会、人与自我本身之间存在的内在关系，从整体上提升管理效果。

坚持上述运行原则必须从实际出发灵活应用方法，正确处理管理者与被管理者、个人与集体的关系。要想全面掌握上述原则的内涵及实质，我们必须充分发挥上述原则在"五育"并举评价管理机制运行中的作用，进一步贯彻落实各项原则，全面完善并优化"五育"并举评价管理运行机制，以期取得最佳的"五育"并举评价管理效果。

二、"五育"并举评价管理机制实现可持续升级的策略

（一）设置完备的评价管理组织载体

第一，协调组织关系。首先，完善领导体制，学校领导干部特别是主管"五育"并举评价管理的领导干部，要从思想和行动层面重视"五育"并举评价管理工作。其次，学校应从本校实际发展情况出发，创建"五育"并举评价管理体系，主要组织成员包括学校党支部、教务处、德育处、总务处等，相关参与成员主要包括小学教师、小学生及教务人员等，进而构建力量共用、信息互通、成果共享的"五育"并举评价管理格局。最后，学校"五育"并举评价管理组织队伍应由学校领导者、班主任、道德与法治教师、职能部门人员等组成。设置"五育"并举评价工作委员会，为"五育"并举评价工作的重视和落实提供制度保障。

第二，明确部门权责。首先，我们在优化小学生"五育"并举评价管理机制时，要充分明确"五育"并举评价管理工作的职、责、权，有效落实"第一负责人"。同时，要将每一项职责落实到个人，真正做到权责分明。其次，不同部门之间要分工合理，加强协调。不同部门需要根据小学生身心发展规律，

结合学校发展的需要，制订可操作、有可行性、循序渐进的"五育"并举评价管理工作计划。最后，以校园网为依托，形成强大的"五育"并举评价管理合力。学校要在条件允许的情况下，创设"五育"并举评价管理基地，积极邀请校内外权威专家、教师，分享优秀评价经验。

第三，优化组织过程。首先，我们应严格把握学校"五育"并举评价管理组织建设标准，不断完善组织设置和运行程序，如组织周期性的评价工作经验分享会等，从整体上提升上级管理组织对教师、学生及相关工作人员的指导力度，促进"五育"并举评价管理的系统化。其次，我们应有效落实与时俱进的管理理念，面向学校各级领导、党支部书记、学校师生等群体，定期组织集中培训与学习，以学期为时间单位，召开党内组织生活会，参照检查材料进行自我反思与批评，有效落实整改措施，为"五育"并举评价管理注入源源不断的新鲜血液。最后，我们应做好正面引导，严肃负面矫正。在"五育"并举评价管理工作开展的过程中，要充分发挥党支部书记的引导作用，尽一切努力解决前期易出现的问题，提前预防后期易出现的"发疲发软"问题，在"把握规律、讲究方法、狠抓落实"中提升工作能力和成效。

（二）采取灵活的"五育"并举评价管理激励方法

第一，渗透激励意识。首先，我们应加强对教育管理者的专业培训力度，并积极鼓励教育管理者灵活运用多种激励方法。学校可以围绕"激励方法"设立相关科研项目，通过"基金带研究"的方式，吸引更多"五育"并举评价管理工作者加入"激励方法"的研究中。其次，学校教育者，特别是教育管理层的教师，要积极学习激励理论，并在实践中落实。与此同时，学校可以围绕"激励方法"开展周期性的论坛、报告以及讲座等实践活动，通过物质奖励和精神奖励相结合的方式，鼓励更多学校教育者加强对激励方法的学习，并应用到具体的管理工作中，从而增强教育主体对"激励"的重视。最后，为了提升解决问题的能力，教育主体可以通过撰写反思笔记、学习心得以及工作报告等方式，及时总结与反思激励方法产生的实际效用，并针对小学生群体的实际情况不断优化激励方法。

第二，营造良好的激励氛围。首先，激励主体在激励机制运行过程中需要坚持一定的原则，即实事求是、赏罚分明、公平公正，充分发挥自身的激励效用，不仅要全力助推先进，及时督促中间，还要适当鞭策后进。同时，激励主体要充分了解管理对象的需求，并以此为基础采取恰当的批评手段，使激励措施与管理对象的需求高度契合，有效规避激励措施的主观随意性、片面性。其次，激励主体可以积极建设校园文化。具体来说，为了有效激励学生，我们可以通过设计校徽、制定班规、设置荣誉称号、组织技能比赛等活动实现。最后，激励主体可以将少先队队伍建设与"五育"并举评价管理队伍建设结合到一起，不断促进学生的进步与发展。

（三）建立严密的"五育"并举评价管理监督形式

第一，优化管理监督方式。首先，我们应严格落实学校党支部监督执纪问责制度，进一步明确学校党支部的主体责任。各级领导要认真学习并使用《党内监督执纪问责规定学习手册》，丰富完善监督问责程序，针对管理工作中作风涣散、滥用职权等问题，依法追究相应责任。同时，各级领导应不断改善管理监督的内部环境，充分考虑监督对象不同阶段的需求变化，采取与之匹配的措施。其次，学校相关监督部门及相关工作人员要以权责一致为前提，坚持"激励与约束并重"的监管原则，认真负责，面对大是大非敢于亮剑，面对矛盾敢于迎难而上。最后，拓展监督渠道。学校可以开通电话举报、网络举报、信件举报等方式，不断拓展教师、学生和家长参与监督的渠道，充分调动广大师生与家长参与监督的积极性与热情，提升监督效果。

第二，增强管理监督合力。首先，学校党支部和各级部门密切配合、通力协作，汇聚力量促进管理监督制度的进一步发展。其次，建立健全纪律监督问责制度，纪律监督内容主要涉及政治、组织、群众等。与此同时，设置精细化的监督内容，建立规范化的监督程序，不断增强监督实效，塑造做实做细监督工作的精神，全力推动校内各级各类监督力量形成合力。最后，不断深化党内监督。充分发挥政府、社区、家庭等主体的监督作用，创建多层次、多渠道的监督网络体系。

（四）构建有力的"五育"并举评价管理保障体系

第一，加强经费保障。巧妇难为无米之炊，"五育"并举评价管理活动的顺利开展需要充足的经费投入作为支撑，活动经费的筹措、运行以及监管机制的不断优化，能为"五育"并举评价管理机制的长效运行提供有力的物质保障。首先，严格遵循上级管理规定，贯彻落实相关要求，依托机关企业、社区等社会组织力量，为活动的开展积极筹备经费。其次，学校教师可以将通过项目、课题等方式获取的经费用来支撑活动的开展。最后，构建"五育"评价经费保障标准动态增长机制，进一步细化并规范经费的筹措、发放、使用、存档以及报销等相关环节，保证"五育"并举评价活动经费用到关键处，服务做到"心坎"上。

第二，加强资源保障。学校可以充分利用校内外资源，与各个社会组织密切合作，一起打造一系列内涵丰富、主题鲜明、针对性强的"五育"并举评价研究基地，通过"线上＋线下"的方式，大力倡导师生共同学习评价理念、评价方法等，使广大师生深度参与"五育"并举评价。其次，学校要充分利用网络资源，积极搭建信息化"五育"并举评价管理平台，不断更新升级校园网络安全和管理技术，搭建并维护好服务性校园网络，从而实现"五育"并举评价的高效性、实测性。与此同时，学校要不断优化师生网络交流模式，持续搭建好网络宣讲平台，使广大师生意识到"五育"并举评价的重要性，为创新"五育"并举评价管理提供有力的资源保障。

第三，强化制度保障。首先，贯彻落实惩戒机制与防范机制。对于学校领导干部来说，他们应该牢固树立"制度约束无例外"的责任意识，自觉带头深入学习，严格遵守"五育"并举评价管理制度。同时，应充分发挥党组织的监督作用，充分调动广大师生及员工参与监督的积极性，加大对制度执行不力的责任追究与惩罚。此外，党委领导在制定管理制度时，要结合法律法规、学校形势等方面的发展变化，及时调整、更新、完善管理制度。其次，落实部门责任。各有关部门要严格遵守法律法规，严格规定各机构的职、权、责划分，不断优化"权随责走"的管理机制。

参考文献

[1]   鲍银霞，谢绍熺，曾令鹏．中小学生综合素质评价的实践与思考 [M]．广州：广东高等教育出版社，2017．

[2]   柳夕浪．撬动未来的杠杆：学生综合素质评价改革研究 [M]．杭州：浙江教育出版社，2021．

[3]   杜旭林．中小学生综合素质评价新探索 [M]．重庆：西南师范大学出版社，2021．

[4]   李颖．以评促育：学生综合素质评价通州探索 [M]．北京：北京出版社，2017．

[5]   肖君．教育大数据 [M]．上海：上海科学技术出版社，2020．

[6]   王永初，屠园中．小学生综合素质评价手册 [M]．杭州：浙江教育出版社，2018．

[7]   周云燕．基于移动互联网技术的小学生即时评价 [M]．上海：上海交通大学出版社，2021．

[8]   修文艳．基于大数据的小学生综合素养评价 [M]．杭州：浙江大学出版社，2021．

[9]   何兴无，蒋生文．大数据技术在现代教育系统中的应用研究 [M]．长春：东北师范大学出版社，2019．

[10]   冯力．小学班主任的学生评价能力研究：基于 G 省班主任的调查 [D]．贵阳：贵州师范大学，2022．

[11]   李昕昊．基于区域教育大数据的学业成绩增值评价研究：以泉州市 Y 区

为例 [D]. 福州：福建师范大学，2021.

[12] 郑天霞.基于数据技术分析的小学数学课堂教学评价指标研究 [D].重庆：西南大学，2021.

[13] 黄怡.小学研学课程学生评价指标体系构建与应用：以智慧生态研学课程为例 [D].杭州：浙江工业大学，2020.

[14] 胡明明.学生对教师教学动机的评价及其对自身学习动机的影响：教师热情的中介作用 [D].成都：四川师范大学，2019.

[15] 刘广超."互联网＋"背景下基础教育管办评的协同治理研究 [D].南宁：南宁师范大学，2019.

[16] 张晨.学生综合实践活动课程评价的研究：以上海市某区五年级学生"田园学堂"课程评价为例 [D].上海：上海师范大学，2019.

[17] 罗孝容.发展性评价在小学综合实践活动课程中的应用研究 [D].重庆：重庆师范大学，2018.

[18] 胡杏培.小学生综合素质评价校本化实施的个案研究 [D].开封：河南大学，2018.

[19] 孙聘.中小学智慧教学评价指标体系构建的研究 [D].长春：东北师范大学，2018.

[20] 张安义.用"六全育人"撬动学校"五育融合"高品质发展研究 [J].创新人才教育，2022（4）：29-33.

[21] 冯璐，汪伟，卞崇振.基于人工智能与大数据的学生校本综合素质评价新生态 [J].中国电化教育，2022（8）：118-121.

[22] 魏慧慧，朱成科.劳动教育在"五育融合"中的价值定位与实现路径 [J].教学与管理，2022（27）：6-10.

[23] 马飞.论从"五育"并举到"五育融合"的教学范式转型 [J].当代教育科学，2022（7）：33-40.

[24] 陈霞，曾文健，薛常成.建立"五育"质量内控 提升学校育人成效 [J].教育科学论坛，2022（19）：62-65.

[25] 张中原.“五育融合”的人性化审视：基于复杂性理论视角 [J]. 教育研究与实验，2022（3）：1-9.

[26] 李晓华，张琼.“五育融合”：内涵特征、发生机制与行动理路 [J]. 北京教育学院学报，2022，36（3）：54-60.

[27] 张情，王新会.立德树人，五育并举：盛世长安小学传统手工陶艺制作劳动课 [J]. 陶瓷科学与艺术，2022，56（6）：89-90.

[28] 陶恩海，程传银.体育之于五育：历史演进、现实境况及未来路向：基于“五育融合”新教育背景的分析 [J]. 体育教育学刊，2022，38（3）：41-47.

[29] 钟阿秀.以项目化学习推动“五育”融合：以“身边的文化遗产”为例 [J]. 教育科学论坛，2022（16）：10-13.

[30] 郭婷婷，黄竹清，韩奕文，等.“双高计划”背景下学生评教研究：基于利益相关者视角 [J]. 医药高职教育与现代护理，2022，5（3）：189-194.

[31] 张志华，王丽，季凯.大数据赋能新时代教育评价转型：技术逻辑、现实困境与实现路径 [J]. 电化教育研究，2022，43（5）：33-39.

[32] 杜冰，杨蓉，罗爵慧，等.知美 懂美 鉴美 创美：“五育”融合、审美切入的传统节日文化课程建设 [J]. 教育科学论坛，2022（10）：59-61.

[33] 孟万金.中小学“五育”并举课程实施的学生向度考察及改进 [J]. 当代教育科学，2022（3）：18-24.

[34] 任小平，张坤蓉.全员全面立德树人的德育实践探索：“班级之星”评选的老曲新唱 [J]. 亚太教育，2022（6）：64-66.

[35] 伍红林，杨玥.五育融合学校新样态何以实现？—基于多类教育主体的视角 [J]. 杭州师范大学学报：社会科学版，2022，44（2）：38-44，55.

[36] 赵鑫，吕寒雪.“五育融合”引领下教学变革的价值定位、认识逻辑与实践理路 [J]. 课程·教材·教法，2022，42（3）：12-20.

[37] 张华毓，吕莘.“五育”并举视域下小学学段贯通的理论要义及实践路径：以清华附小学段贯通课程体系为例 [J]. 中国教育学刊，2022（2）：93-98.

[38] 田春，彭锦怡."五育融合"视域下综合实践活动课程的样态、特征及实施 [J]. 教学与管理，2022（1）：6-9.

[39] 佚名.五育融合 培育"让生命闪光为中华添彩"的少年：北京市东城区灯市口小学优质教育资源带 [J]. 中国教育学刊，2021（12）：154.

[40] 朱家成，陈刚，向华.基于混合教学大数据的学生学习能力分层评价模型 [J]. 信息技术与信息化，2021（10）：203-205.

[41] 陈慧娟，辛涛.我国基础教育质量监测与评价体系的演进与未来走向 [J]. 华东师范大学学报：教育科学版，2021，39（4）：42-52.

[42] 赵上宁，史大胜.我国义务教育阶段学生学习评价模式的困境及超越 [J]. 教育理论与实践，2021，41（11）：22-25.

[43] 宋乃庆，郑智勇，周圆林翰.新时代基础教育评价改革的大数据赋能与路向 [J]. 中国电化教育，2021（2）：1-7.

[44] 罗良.加强科学研究赋能新时代基础教育评价改革 [J]. 人民教育，2020（24）：38-39.

[45] 王敏，舒江波.基于教育大数据的 SPOC 教学评价模型研究 [J]. 中国教育信息化，2020（3）：74-79.

[46] 朱德全，吴虑.大数据时代教育评价专业化何以可能：第四范式视角 [J]. 现代远程教育研究，2019，31（6）：14-21.

[47] 曾召霞，刘道华，王蒙恩，等.大数据时代的基础教育质量动态模糊综合评价体系建设研究 [J]. 无线互联科技，2019，16（19）：117-118.

[48] 沈明海.基于大数据的云课堂学生评价模式的研究 [J]. 职业，2019（28）：28-29.

[49] 许娜，高巍，郭庆.新课改 20 年课堂教学评价研究的逻辑演进 [J]. 教育研究与实验，2020（6）：49-55.

[50] 杜新满.基于云教学大数据开展课堂教学评价的探索 [J]. 广州城市职业学院学报，2020，14（4）：6-12.

[51] 陆军昊，孙众，石长地.基于评语反向优化课堂教学评价量表的文本分

析 [J]. 上海教育科研，2020（12）：32-37.

[52] 王小平，李绵信.大数据背景下"以学生为中心"的课堂教学评价 [J]. 宜春学院学报，2020，42（11）：120-124.

[53] 韩曦，潘宏伟，朱雪莲，等.教育信息化背景下以学生为中心多元化教学评价的研究与实践 [J].中国新通信，2020，22（21）：172-173.

[54] 毛红霞，徐健，邱贵宝，等.在线教学评价平台设计与开发 [J].中国冶金教育，2020（5）：17-19.

[55] 陈庆华.大数据分析在教学评价体系中的建议与实践 [J].汉江师范学院学报，2020，40（3）：91-94.

[56] 张晓丽.坚持"五育"并举 打造多彩校园：记蓬勃发展的许昌市瑞昌路小学 [J].河南教育：教师教育，2022（8）：2.

[57] 范呈碧，张涛."五育"并举促发展，特色建设提内涵 山东省临清市先锋办事处中心小学 [J].教育家，2022（11）：74.

[58] 崔梓涵.合适的评价方法有助于提高学生创新能力 [J].小学科学：教师版，2019（2）：131.

[59] 赵德成."双减"政策背景下学生学业评价问题的若干思考 [J].课程·教材·教法，2022，42（1）：140-146.

[60] 张青民.学科核心素养与学生学业评价的深度融合 [J].教学与管理，2020（16）：21-24.